그림을 보고 듣고 읽고 쓰면 저절로 외워지는

초등 필수

교육부 권장 초등 필수 단어

영단어

1.2 학년

교육부 권장 초등 필수 단어를
충실하게 반영

그림을 보고 듣고
읽고 쓰면
저절로 외워지는

교육부 권장 초등 필수 단어

초등 필수 영단어

1.2
학년

예스북

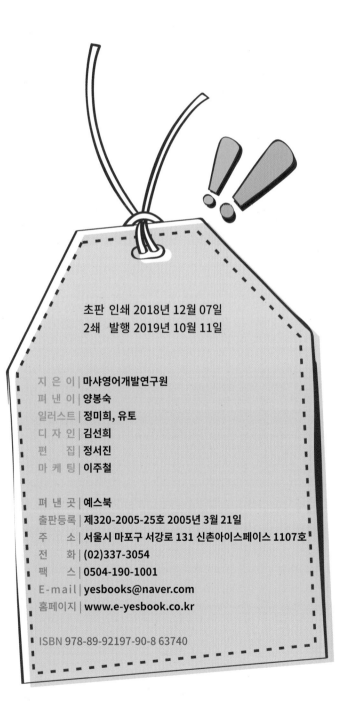

초판 인쇄 2018년 12월 07일
2쇄 발행 2019년 10월 11일

지 은 이 | 마샤영어개발연구원
펴 낸 이 | 양봉숙
일러스트 | 정미희, 유토
디 자 인 | 김선희
편   집 | 정서진
마 케 팅 | 이주철

펴 낸 곳 | 예스북
출판등록 | 제320-2005-25호 2005년 3월 21일
주   소 | 서울시 마포구 서강로 131 신촌아이스페이스 1107호
전   화 | (02)337-3054
팩   스 | 0504-190-1001
E-mail | yesbooks@naver.com
홈페이지 | www.e-yesbook.co.kr

ISBN 978-89-92197-90-8 63740

목차

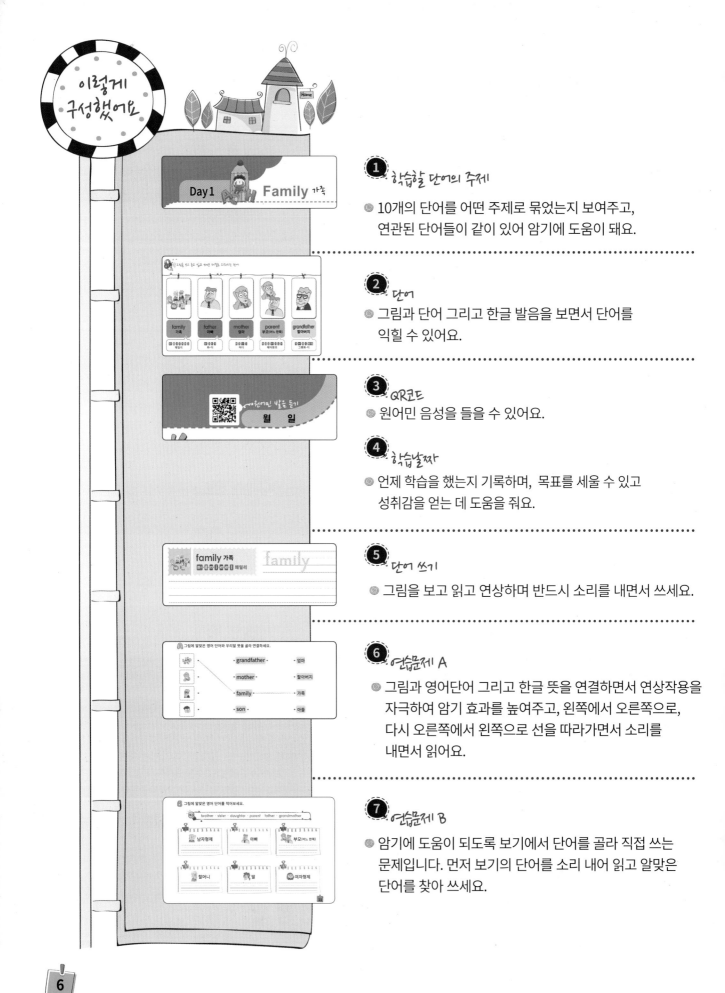

이렇게 구성했어요

Day 1 Family 가족

1 학습할 단어의 주제
◎ 10개의 단어를 어떤 주제로 묶었는지 보여주고, 연관된 단어들이 같이 있어 암기에 도움이 돼요.

2 단어
◎ 그림과 단어 그리고 한글 발음을 보면서 단어를 익힐 수 있어요.

3 QR코드
◎ 원어민 음성을 들을 수 있어요.

4 학습날짜
◎ 언제 학습을 했는지 기록하며, 목표를 세울 수 있고 성취감을 얻는 데 도움을 줘요.

5 단어 쓰기
◎ 그림을 보고 읽고 연상하며 반드시 소리를 내면서 쓰세요.

6 연습문제 A
◎ 그림과 영어단어 그리고 한글 뜻을 연결하면서 연상작용을 자극하여 암기 효과를 높여주고, 왼쪽에서 오른쪽으로, 다시 오른쪽에서 왼쪽으로 선을 따라가면서 소리를 내면서 읽어요.

7 연습문제 B
◎ 암기에 도움이 되도록 보기에서 단어를 골라 직접 쓰는 문제입니다. 먼저 보기의 단어를 소리 내어 읽고 알맞은 단어를 찾아 쓰세요.

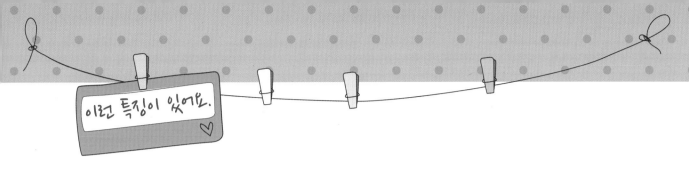

이런 특징이 있어요.

1 교육부 권장 초등 필수 단어를 충실하게 반영

◎ 교육부 권장 초등 필수 단어 850개를 충실하게 반영하여 초등학생이 익혀야 할 단어를 선정했어요.
◎ 서로 연관된 단어들끼리 묶어서 외우기 쉽게 배려했어요.

2 학습 효과를 최대로 높여주는 방식 도입

◎ 그림과 소리를 같이 활용하여 효율적인 단어 암기가 가능해요.
◎ 발음을 익히기 쉽게 한글로 표시했어요.
◎ 영어 단어의 발음을 쉽게 알 수 있도록 한글로 나누어 표기했어요.

3 효율적인 매일 학습이 가능

◎ 매일 10개씩 연관된 단어들을 암기할 수 있도록 구성했어요.
◎ QR코드를 통해 원어민 음성을 들으면서 학습이 가능하도록 했어요.
◎ 외운 것을 연습문제를 통하여 다시 한번 확인하도록 했어요.

우리말에 없는 소리는 어떻게 발음해요?

◎ 원어민 소리에 가장 가까운 발음을 한글로 표시했으며,
　우리말에 없는 발음에는 'ㅍㅇ', 'ㄹㅇ', 'ㅂㅇ', 'ㅆㅇ', 'ㄷㅇ'로 표시했어요.

Bb[ㅂ] Cc[ㅋ] Dd[ㄷ] Ff[ㅍㅇ] Gg[ㄱ] Hh[ㅎ] Jj[ㅈ] Kk[ㅋ] Ll[ㄹ]
Mm[ㅁ] Nn[ㄴ] Pp[ㅍ] Qq[ㅋ] Rr[ㄹㅇ] Ss[ㅅ, ㅆ] Tt[ㅌ] Vv[ㅂㅇ]
Ww[ㅟ] Xx[ㅋ, ㅆ] Yy[ㅣ] Zz[ㅈ] th[ㄷㅇ, ㅆㅇ] ch[취]

Aa[ㅏ, ㅐ, ㅔㅣ] Ee[ㅔ, ㅣ] Ii[ㅣ, ㅏㅣ] Oo[ㅗ, ㅏ] Uu[ㅜ, ㅠ, ㅓ]

Day 1   Family 가족

) 그림을 보고 듣고 읽고 쓰면 저절로 외워지는 단어

family
가족

ㅍ·ㅐ·ㅁ·ㅣ·ㄹ·ㄹ·ㅣ
패밀리

father
아빠

ㅍ·ㅏ·ㄷ·ㅓ
파-더

mother
엄마

ㅁ·ㅓ·ㄷ·ㅓ
머더

parent
부모(어느 한쪽)

ㅍ·ㅔ·ㅓ·ㄹ·ㅓ·ㄴ·ㅌ
페어뤈트

grandfather
할아버지

ㄱ·ㄹ·ㅐ·ㄴ·ㅍ·ㅏ·더
그랜파-더

grandmother
할머니

ㄱ·ㄹ·ㅐ·ㄴ·머더
그랜머더

son
아들

ㅆ·ㅓ·ㄴ
썬

daughter
딸

ㄷ·ㅗ·ㅌ·ㅓ
도-터

brother
남자형제

ㅂ·ㄹ·ㅓ·ㄷ·ㅓ
브뤄더

sister
여자형제

ㅆ·ㅣ·ㅅ·ㅌ·ㅓ
씨스터

그림을 보고 읽고 소리내며 쓰세요!!

family 가족

ㅍㅇ·ㅐ·ㅁㅣ·ㄹ·ㄹ·ㅣ 패밀리

family

father 아빠

ㅍㅇ·ㅏ·ㄷㅇ·ㅓ 퐈-더

father

mother 엄마

ㅁㅓ·ㄷㅇ·ㅓ 머더

mother

parent 부모 (어느 한쪽)

ㅍㅇ·ㅔ·ㅓ·ㄹ·ㅓ·ㄴ·ㅌ 페어륀트

parent

grandfather 할아버지

ㄱ·ㄹㅇ·ㅐ·ㄴ·퐈-더 그랜퐈-더

grandfather

그림을 보고 읽고 소리내며 쓰세요!!

grandmother 할머니
ㄱ·ㄹ·ㅐ·ㄴ·머더 그랜머더

grandmother

son 아들
ㅆ·ㅓ·ㄴ 썬

son

daughter 딸
ㄷ·ㅗ·ㅌ·ㅓ 도-터

daughter

brother 남자형제
ㅂ·ㄹ·ㅓ·ㄷ·ㅓ 브뤄더

brother

sister 여자형제
ㅆ·ㅣ·ㅅ·ㅌ·ㅓ 씨스터

sister

A 그림에 알맞은 영어 단어와 우리말 뜻을 골라 연결하세요.

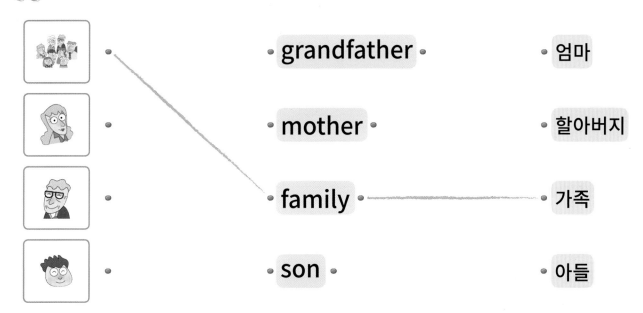

- grandfather
- mother
- family
- son

- 엄마
- 할아버지
- 가족
- 아들

B 그림에 알맞은 영어 단어를 적어보세요.

보기 brother · sister · daughter · parent · father · grandmother

남자형제

아빠

부모(어느 한쪽)

할머니

딸

여자형제

Day 2  People 사람들

 그림을 보고 듣고 읽고 쓰면 저절로 외워지는 단어

I
나

ㅇ·ㅣ
아이

you
당신, 너

ㅠ
유-

he
그

ㅎㅣ
히

she
그녀

ㅟ·ㅣ
쉬

we
우리

ㅟ
위

they
그들

ㄷ·ㅔ·ㅣ
데이

man
남자

ㅁ·ㅐ·ㄴ
맨

woman
여자

ㅜ·ㅓ·ㄴ
우먼

fool
바보

ㅍ·ㅜ·ㄹ
푸-을

people
사람들

ㅍ·ㅣ·ㅍㄹ
피-플

그림을 보고 읽고 소리내며 쓰세요!!

I 나
ㅏ+ㅣ 아이

I

you 당신, 너
ㅠ 유-

you

he 그
ㅎ+ㅣ 히

he

she 그녀
쉬+ㅣ 쉬

she

we 우리
ㅟ 위

we

13

그림을 보고 읽고 소리내며 쓰세요 !!

they 그들
ㄷ·ㅔ·ㅣ 데이

they

man 남자
ㅁ·ㅐ·ㄴ 맨

man

woman 여자
ㅜ·ㅁ·ㅓ·ㄴ 우먼

woman

fool 바보
ㅍ·ㅜ·ㄹ 푸-을

fool

people 사람들
ㅍ·ㅣ·ㅍ·ㄹ 피-플

people

연습문제

A 그림에 알맞은 영어 단어와 우리말 뜻을 골라 연결하세요.

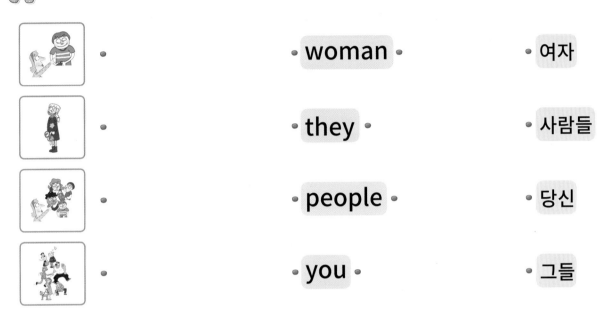

woman · 여자

they · 사람들

people · 당신

you · 그들

B 그림에 알맞은 영어 단어를 적어보세요.

보기 she · man · fool · I · he · we

그녀

나

그

우리

남자

바보

Day 3  Emotion 감정

 그림을 보고 듣고 읽고 쓰면 저절로 외워지는 단어

enjoy
즐기다

ㅣ·ㄴ·ㅈ·ㅗ·ㅣ
인조이

feel
느끼다

ㅍ·ㅣ·ㄹ
퓌을

happy
행복한

ㅎ·ㅐ·ㅍ·ㅣ
해피

heart
마음, 심장

ㅎ·ㅏ·ㅌ
하-트

glad
기쁜

ㄱ·ㅡ·ㄹ·ㄹ·ㅐ·ㄷ
글래드

good
좋은

ㄱ·ㅜ·ㄷ
굳

sad
슬픈

ㅆ·ㅐ·ㄷ
쌔드

angry
화난

ㅐ·ㅇ·ㄱ·ㄹ·ㅟ
앵그뤼

bad
나쁜

ㅂ·ㅐ·ㄷ
배드

true
진실의

ㅌ·ㄹ·ㅜ·ㅜ
트루-

그림을 보고 읽고 소리내며 쓰세요!!

enjoy 즐기다
ㅣ+ㄴ+ㅈ+ㅗ+ㅣ 인조이

enjoy

feel 느끼다
ㅍㅇ+ㅣ+ㄹ 퓌을

feel

happy 행복한
ㅎ+ㅐ+ㅍ+ㅣ 해피

happy

heart 마음, 심장
ㅎ+ㅏ+ㅌ 하-트

heart

glad 기쁜
ㄱ+ㅡ+ㄹ+ㄹ+ㅐ+ㄷ 글래드

glad

그림을 보고 읽고 소리내며 쓰세요!!

good 좋은
ㄱ+ㅜ+ㄷ 굳

good

sad 슬픈
ㅆ+ㅐ+ㄷ 쌔드

sad

angry 화난
ㅐ+ㅇ+ㄱ+ㄹ+ㅣ 앵그뤼

angry

bad 나쁜
ㅂ+ㅐ+ㄷ 배드

bad

true 진실의
ㅌ+ㄹ+ㅇ+ㅜ 트루-

true

연습문제

A 그림에 알맞은 영어 단어와 우리말 뜻을 골라 연결하세요.

· enjoy ·   · 슬픈

· glad ·   · 행복한

· sad ·   · 즐기다

· happy ·   · 기쁜

B 그림에 알맞은 영어 단어를 적어보세요.

보기   heart · bad · angry · good · true · feel

나쁜

느끼다

마음, 심장

좋은

화난

진실의

Day 4 Fruit 과일

그림을 보고 듣고 읽고 쓰면 저절로 외워지는 단어

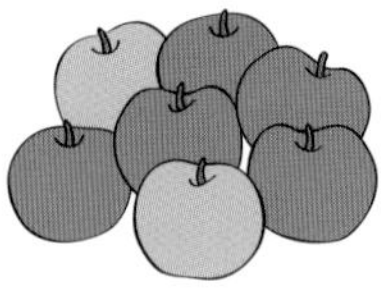

apple
사과

ㅐ+ㅍ+ㄹ
애플

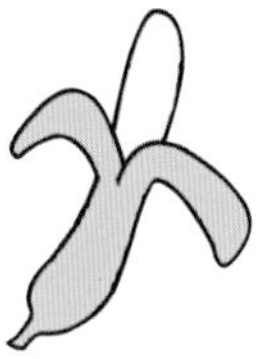

banana
바나나

ㅂ+ㅓ+ㄴ+ㅐ+ㄴ+ㅓ
버내너

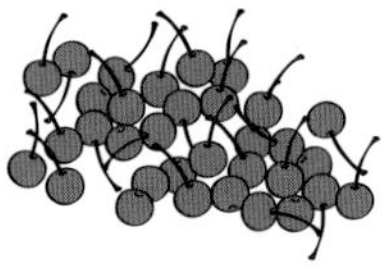

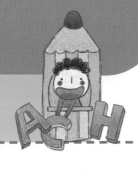

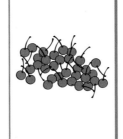

cherry
체리

취+ㅔ+ㄹㅇ+ㅣ
체뤼

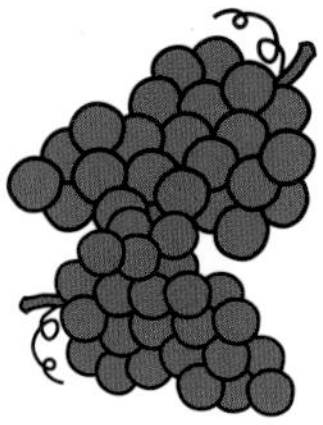

grape
포도

ㄱ+ㄹㅇ+ㅔ+ㅣ+ㅍ
그뤠이프

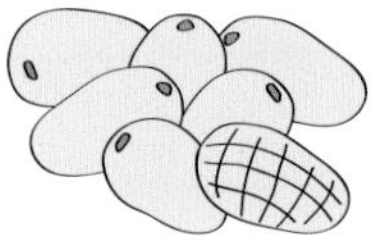

mango
망고

ㅁ+ㅐ+ㅇ+ㄱ+ㅗ+ㅜ
맹고우

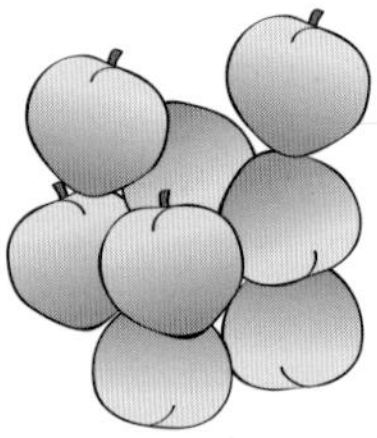

peach
복숭아

ㅍ+ㅣ+취
피-취-

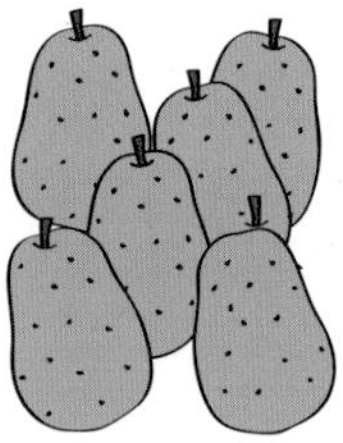

pear
배

ㅍ+ㅔ+ㅓ
페어

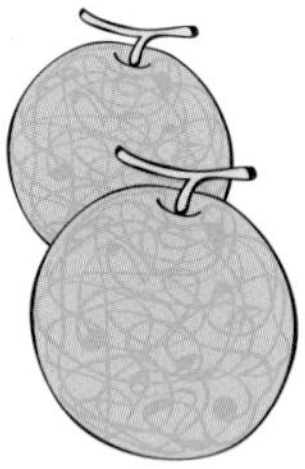

melon
멜론

ㅁ+ㅔ+ㄹ+ㄹ+ㅓ+ㄴ
멜런

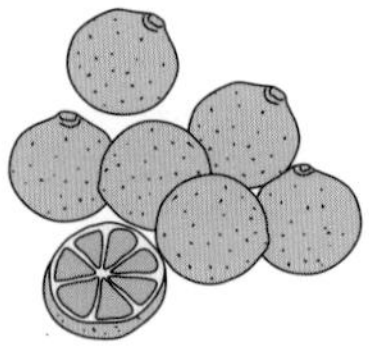

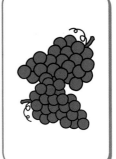

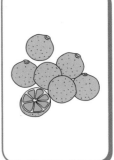

orange
오렌지

ㅗ+ㄹㅇ+ㅣ+ㄴ+쥐
오-륀쥐

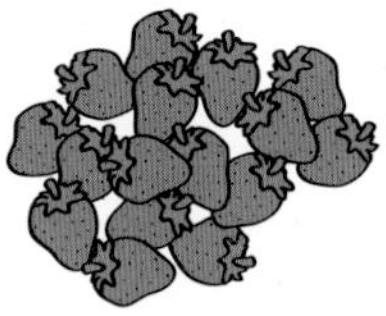

strawberry
딸기

ㅅ+ㅌ+ㄹㅇ+ㅗ+ㅂ+ㅔ+ㄹㅇ+ㅣ
스트로-베뤼

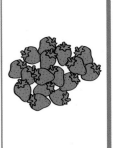

그림을 보고 읽고 소리내며 쓰세요!!

apple 사과
ㅐ·ㅍ·ㄹ 애플

apple

banana 바나나
ㅂ·ㅓ·ㄴ·ㅐ·ㄴ·ㅓ 버내너

banana

cherry 체리
취·ㅔ·ㄹ아·ㅣ 체뤼

cherry

grape 포도
ㄱ·ㄹ아·ㅔ·ㅣ·ㅍ 그뤠이프

grape

mango 망고
ㅁ·ㅐ·ㅇ·ㄱ·ㅗ·ㅜ 맹고우

mango

그림을 보고 읽고 소리내며 쓰세요!!

peach 복숭아
피·l·취 피-취

peach

pear 배
피·ll·l 페어

pear

melon 멜론
ㅁ·ll·ㄹ·ㄹ·l·ㄴ 멜런

melon

orange 오렌지
ㅗ·ㄹㅇ·l·ㄴ·쥐 오-륀쥐

orange

strawberry 딸기
ㅅ·ㅌ·ㄹㅇ·ㅗ·ㅂ·ㅔ·ㄹㅇ·l
스트로-베뤼

strawberry

연습문제

A 그림에 알맞은 영어 단어와 우리말 뜻을 골라 연결하세요.

· mango ·   · 망고

· pear ·   · 체리

· apple ·   · 사과

· cherry ·   · 배

B 그림에 알맞은 영어 단어를 적어보세요.

보기   melon · orange · grape · banana · strawberry · peach

오렌지

바나나

포도

복숭아

멜론

딸기

Day 5  Vegetable 야채

 그림을 보고 듣고 읽고 쓰면 저절로 외워지는 단어

bean
콩

ㅂㅣㄴ
비-인

cabbage
양배추

ㅋㅐㅂㅣ쥐
캐비쥐

carrot
당근

ㅋㅐㄹㅇㅣㅌ
캐륏

cucumber
오이

ㅋㅠㅋㅓㅁㅂㅓ
큐-컴버

corn
옥수수

ㅋㅗㄹㅇㅓㄴ
코-은

garlic
마늘

ㄱㅏㄹㄹㅣㅋ
갈-릭

onion
양파

ㅇㄴㄴㅣㅓㄴ
언니언

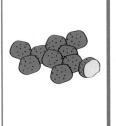

potato
감자

ㅍㅓㅌㅔㅇㅣㅌㅜ
퍼테이터우

pumpkin
호박

ㅍㅓㅁㅍㅡㄹㅋㅣㄴ
펌프킨

tomato
토마토

ㅌㅓㅇㅁㅔㅇㅣㅌㅗㅜ
터메이토우

24

그림을 보고 읽고 소리내며 쓰세요 !!

bean 콩 ㅂ·ㅣ·ㄴ 비-인	bean

cabbage 양배추 ㅋ·ㅐ·ㅂ·ㅣ·쥐 캐비쥐	cabbage

carrot 당근 ㅋ·ㅐ·ㄹ·ㅓ·ㅌ 캐뤄트	carrot

cucumber 오이 ㅋ·ㅠ·ㅋ·ㅓ·ㅁ·ㅂ·ㅓ 큐-컴버	cucumber

corn 옥수수 ㅋ·ㅗ·ㄹ·ㅓ·ㄴ 코-은	corn

그림을 보고 읽고 소리내며 쓰세요 !!

garlic 마늘
ㄱ·ㅏ·ㄹ·ㅇ·ㅣ·ㅋ 갈-릭

garlic

onion 양파
ㅓ·ㄴ·ㄴ·ㅣ·ㅓ·ㄴ 언니언

onion

potato 감자
ㅍ·ㅓ·ㅌ·ㅔ·ㅣ·ㅌ·ㅓ·ㅜ 퍼테이터우

potato

pumpkin 호박
ㅍ·ㅓ·ㅁ·ㅍ·ㅋ·ㅣ·ㄴ 펌프킨

pumpkin

tomato 토마토
ㅌ·ㅓ·ㅁ·ㅔ·ㅣ·ㅌ·ㅗ·ㅜ 터메이토우

tomato

연습문제

A 그림에 알맞은 영어 단어와 우리말 뜻을 골라 연결하세요.

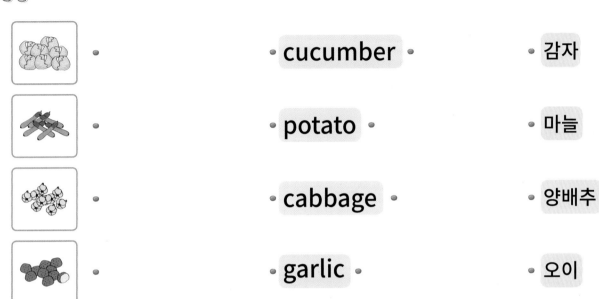

- cucumber · · 감자
- potato · · 마늘
- cabbage · · 양배추
- garlic · · 오이

B 그림에 알맞은 영어 단어를 적어보세요.

보기 carrot · corn · pumpkin · bean · onion · tomato

콩

당근

옥수수

양파

호박

토마토

Day 6  Food 음식

 그림을 보고 듣고 읽고 쓰면 저절로 외워지는 단어

bread
빵

ㅂㆍㄹㆍㅔㆍㄷ
브뤠드

rice
쌀

ㄹㆍㅏㆍㅣㆍㅆ
롸이쓰

butter
버터

ㅂㆍㅓㆍㅌㆍㅓ
뻐터

milk
우유

ㅁㆍㅣㆍㄹㆍㅋ
밀크

juice
주스

ㅈㆍㅠㆍㅆ
쥬-쓰

water
물

ㅝㆍㅌㆍㅓ
워-터

candy
사탕

ㅋㆍㅐㆍㄴㆍㄷㆍㅣ
캔디

cake
케이크

ㅋㆍㅔㆍㅣㆍㅋ
케이크

soup
수프

ㅅㆍㅜㆍㅍ
수-프

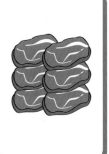

meat
고기

ㅁㆍㅣㆍㅌ
미-트

그림을 보고 읽고 소리내며 쓰세요 !!

bread 빵
ㅂ+ㄹ+ㅔ+ㄷ 브뤠드

bread

rice 쌀
ㄹ+ㅏ+ㅣ+ㅆ 롸이쓰

rice

butter 버터
ㅂ+ㅓ+ㅌ+ㅓ 뻐터

butter

milk 우유
ㅁ+ㅣ+ㄹ+ㅋ 밀크

milk

juice 주스
쥬+ㅆ 쥬-쓰

juice

water 물
ㅝ+ㅌ+ㅓ 워-터

water

candy 사탕
ㅋ+ㅐ+ㄴ+ㄷ+ㅣ 캔디

candy

cake 케이크
ㅋ+ㅔ+ㅣ+ㅋ 케이크

cake

soup 수프
ㅅ+ㅜ+ㅍ 수-프

soup

meat 고기
ㅁ+ㅣ+ㅌ 미-트

meat

 연습문제

A 그림에 알맞은 영어 단어와 우리말 뜻을 골라 연결하세요.

· bread ·   · 버터

· juice ·   · 사탕

· butter ·   · 빵

· candy ·   · 주스

B 그림에 알맞은 영어 단어를 적어보세요.

보기   cake · soup · milk · rice · water · meat

수프

쌀

우유

물

케이크

고기

Day 7  Pet 애완동물

 그림을 보고 듣고 읽고 쓰면 저절로 외워지는 단어

pet
애완동물

ㅍ+ㅔ+ㅌ
펱

bird
새

ㅂ+ㅓ+ㄷ
버-드

cat
고양이

ㅋ+ㅐ+ㅌ
캩

kitten
새끼고양이

ㅋ+ㅣ+ㅌ+ㄴ
키튼

dog
개

ㄷ+ㅗ+ㄱ
도-그

puppy
강아지

ㅍ+ㅓ+ㅍ+ㅣ
퍼피

fish
물고기

ㅍ+ㅣ+쉬
퓌쉬

parrot
앵무새

ㅍ+ㅐ+ㄹ+ㅓ+ㅌ
패뤹

rabbit
토끼

ㄹ+ㅐ+ㅂ+ㅣ+ㅌ
래빝

hamster
햄스터

ㅎ+ㅐ+ㅁ+ㅅ+ㅌ+ㅓ
햄스터

그림을 보고 읽고 소리내며 쓰세요 !!

pet 애완동물
ㅍ+ㅔ+ㅌ 펱

pet

bird 새
ㅂ+ㅓ+ㄷ 버-드

bird

cat 고양이
ㅋ+ㅐ+ㅌ 캩

cat

kitten 새끼고양이
ㅋ+ㅣ+ㅌ+ㄴ 키튼

kitten

dog 개
ㄷ+ㅗ+ㄱ 도-그

dog

33

그림을 보고 읽고 소리내며 쓰세요 !!

puppy 강아지
ㅍ·ㅓ·ㅍ·ㅣ 퍼피

puppy

fish 물고기
ㅍ°·ㅣ·쉬 퓌쉬

fish

parrot 앵무새
ㅍ·ㅐ·ㄹ°·ㅓ·ㅌ 패뤌

parrot

rabbit 토끼
ㄹ°·ㅐ·ㅂ·ㅣ·ㅌ 래빝

rabbit

hamster 햄스터
ㅎ·ㅐ·ㅁ·ㅅ·ㅌ·ㅓ 햄스터

hamster

연습문제

A 그림에 알맞은 영어 단어와 우리말 뜻을 골라 연결하세요.

puppy · · 앵무새

parrot · · 새

bird · · 강아지

kitten · · 새끼고양이

B 그림에 알맞은 영어 단어를 적어보세요.

보기   rabbit · pet · fish · dog · cat · hamster

애완동물

고양이

개

물고기

토끼

햄스터

Day 8  Farm animal 가축

 그림을 보고 듣고 읽고 쓰면 저절로 외워지는 단어

farm
농장

ㅍㅇㅏㅁ
퐈-ㅁ

horse
말

ㅎㅗㄹㅇㅆ
호-쓰

pig
돼지

ㅍㅣㄱ
피그

mouse
쥐

ㅁㅏㅜㅆ
마우쓰

cow
소

ㅋㅏㅜ
카우

goat
염소

ㄱㅗㅜㅌ
고우트

sheep
양

쉬ㅍ
쉬-잎

duck
오리

ㄷㅓㅋ
덕

hen
암탉

ㅎㅔㄴ
헨

deer
사슴

ㄷㅣㅓ
디어

그림을 보고 읽고 소리내며 쓰세요 !!

farm 농장
ㅍㅇ+ㅏ+ㅁ 퐈-ㅁ

farm

horse 말
ㅎㅗ+ㄹㅇ+ㅆ 호-쓰

horse

pig 돼지
ㅍㅇ+ㅣ+ㄱ 피그

pig

mouse 쥐
ㅁ+ㅏ+ㅜ+ㅆ 마우쓰

mouse

cow 소
ㅋ+ㅏ+ㅜ 카우

cow

그림을 보고 읽고 소리내며 쓰세요!!

goat 염소
ㄱ+ㅗ+ㅜ+ㅌ 고우트

goat

sheep 양
쉬+ㅍ 쉬-잎

sheep

duck 오리
ㄷ+ㅓ+ㅋ 덕

duck

hen 암탉
ㅎ+ㅔ+ㄴ 헨

hen

deer 사슴
ㄷ+ㅣ+ㅓ 디어

deer

연습문제

A 그림에 알맞은 영어 단어와 우리말 뜻을 골라 연결하세요.

- farm · · 양
- sheep · · 소
- pig · · 농장
- cow · · 돼지

B 그림에 알맞은 영어 단어를 적어보세요.

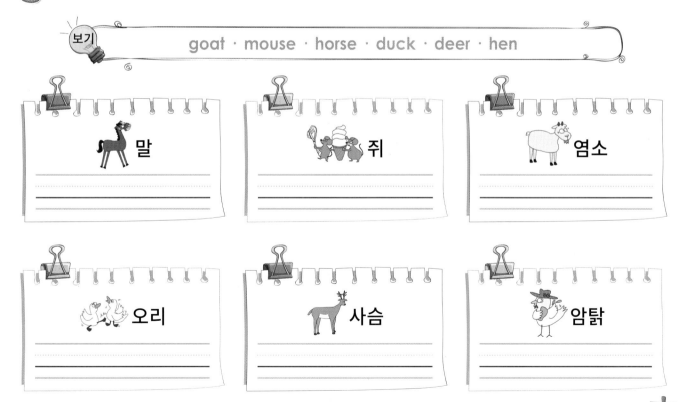

보기   goat · mouse · horse · duck · deer · hen

말

쥐

염소

오리

사슴

암탉

Wild animal 야생동물

 그림을 보고 듣고 읽고 쓰면 저절로 외워지는 단어

field
들판

ㅍ·ㅣ·ㄹ·ㄷ
퓌-을드

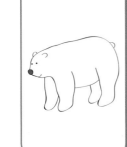

bear
곰

ㅂ·ㅔ·ㅓ
베어

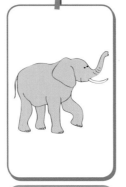

elephant
코끼리

ㅔ·ㄹ·ㄹ·ㅣ·ㅍ·ㅓ·ㄴ·ㅌ
엘리풘트

fox
여우

ㅍ·ㅏ·ㅋ·ㅆ
퐈-악쓰

lion
사자

ㄹ·ㅏ·ㅣ·ㅓ·ㄴ
라이언

monkey
원숭이

ㅁ·ㅓ·ㅇ·ㅋ·ㅣ
멍키

snake
뱀

ㅅ·ㄴ·ㅔ·ㅣ·ㅋ
스네이크

tiger
호랑이

ㅌ·ㅏ·ㅣ·ㄱ·ㅓ
타이거

wolf
늑대

ㅜ·ㄹ·ㅍ
울프

zebra
얼룩말

ㅈ·ㅣ·ㅂ·ㄹ·ㅓ
지브뤄

그림을 보고 읽고 소리내며 쓰세요!!

field 들판
ㅍ+ㅣ+ㄹ+ㄷ 퓌-을드

field

bear 곰
ㅂ+ㅔ+ㅓ 베어

bear

elephant 코끼리
ㅔ+ㄹ+ㄹ+ㅣ+ㅍ+ㅓ+ㄴ+ㅌ 엘리풘트

elephant

fox 여우
ㅍ+ㅏ+ㅋ+ㅆ 퐈-악쓰

fox

lion 사자
ㄹ+ㅏ+ㅣ+ㅓ+ㄴ 라이언

lion

monkey 원숭이
ㅁ·ㅓ·ㅇ·ㅋ·ㅣ 멍키

monkey

snake 뱀
ㅅ·ㄴ·ㅔ·ㅣ·ㅋ 스네이크

snake

tiger 호랑이
ㅌ·ㅏ·ㅣ·ㄱ·ㅓ 타이거

tiger

wolf 늑대
ㅜ·ㄹ·ㅍ·ㅇ 울프

wolf

zebra 얼룩말
ㅈ·ㅣ·ㅂ·ㄹ·ㅓ 지브뤄

zebra

연습문제

A 그림에 알맞은 영어 단어와 우리말 뜻을 골라 연결하세요.

 ·

· monkey ·   · 호랑이

 ·

· tiger ·   · 곰

 ·

· bear ·   · 여우

 ·

· fox ·   · 원숭이

B 그림에 알맞은 영어 단어를 적어보세요.

보기   field · elephant · lion · snake · wolf · zebra

들판

코끼리

사자

뱀

늑대

얼룩

Day 10 School 학교

그림을 보고 듣고 읽고 쓰면 저절로 외워지는 단어

school
학교
ㅅ+ㅋ+ㅜ+ㄹ
스쿠-을

student
학생
ㅅ+ㅌ+ㅠ+ㄷ+ㅡ+ㄴ+ㅌ
스튜-든트

team
팀, 조
ㅌ+ㅣ+ㅁ
티-ㅁ

chalk
분필
ㅊ+ㅛ+ㅋ
쵸-ㅋ

class
학급
ㅋ+ㅡ+ㄹ+ㄹ+ㅐ+ㅆ
클래스

teacher
교사
ㅌ+ㅣ+ㅊ+ㅝ
티-춰

notebook
공책
ㄴ+ㅗ+ㅜ+ㅌ+ㅂ+ㅜ+ㅋ
노우트북

book
책
ㅂ+ㅜ+ㅋ
북

desk
책상
ㄷ+ㅔ+ㅅ+ㅋ
데스크

chair
의자
취+ㅔ+ㅓ
췌어

그림을 보고 읽고 소리내며 쓰세요 !!

school 학교

ㅅ+ㅋ+ㅜ+ㄹ 스쿠-을

school

student 학생

ㅅ+ㅌ+ㅠ+ㄷ+ㅡ+ㄴ+ㅌ 스튜-든트

student

team 팀, 조

ㅌ+ㅣ+ㅁ 티-ㅁ

team

chalk 분필

ㅊ+ㅛ+ㅋ 쵸-ㅋ

chalk

class 학급

ㅋ+ㅡ+ㄹ+ㄹ+ㅐ+ㅆ 클래스

class

teacher 교사
ㅌ·ㅣ·ㅊ·ㅓ 티-춰

teacher

notebook 공책
ㄴ·ㅗ·ㅜ·ㅌ·ㅂ·ㅜ·ㅋ 노우트북

notebook

book 책
ㅂ·ㅜ·ㅋ 북

book

desk 책상
ㄷ·ㅔ·ㅅ·ㅋ 데스크

desk

chair 의자
ㅊ·ㅔ·ㅓ 췌어

chair

연습문제

A 그림에 알맞은 영어 단어와 우리말 뜻을 골라 연결하세요.

· class ·   · 팀, 조

· team ·   · 학교

· notebook ·   · 공책

· school ·   · 학급

B 그림에 알맞은 영어 단어를 적어보세요.

보기   chair · teacher · chalk · book · desk · student

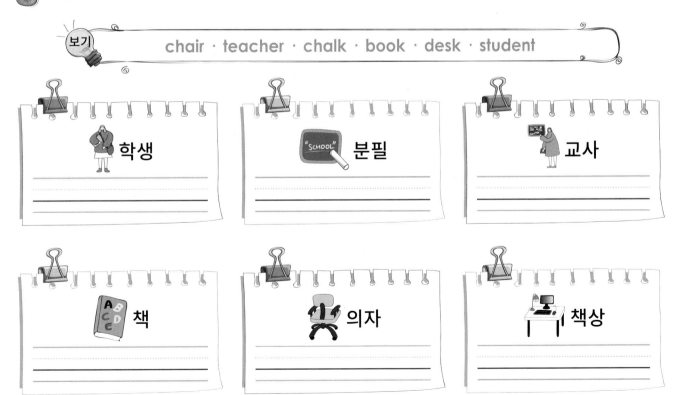

학생

분필

교사

책

의자

책상

Day 11   Street 거리

 그림을 보고 듣고 읽고 쓰면 저절로 외워지는 단어

plant
식물

ㅍ·ㄹ·ㄹ·ㅐ·ㄴ·ㅌ
플랜트

flower
꽃

ㅍ·ㅡ·ㄹ·ㄹ·ㅏ·ㅜ·ㅓ
플라우어

bench
벤치

ㅂ·ㅔ·ㄴ·취
벤취

corner
모퉁이

ㅋ·ㅗ·ㄴ·ㅓ
코-너

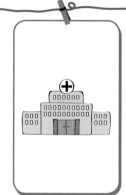

hospital
병원

ㅎ·ㅏ·ㅅ·ㅍ·ㅣ·ㅌ·ㄹ
하-스피틀

library
도서관

ㄹ·ㅏ·ㅣ·ㅂ·ㄹ·ㅔ·ㄹ·ㅓ·ㅣ
라이브뤠뤼

sand
모래

ㅆ·ㅐ·ㄴ·ㄷ
쌘드

step
걸음

ㅅ·ㅌ·ㅔ·ㅍ
스텦

stop
정류장, 멈추다

ㅅ·ㅌ·ㅏ·ㅍ
스따-ㅍ

way
길, 도로

ㅇ·ㅔ·ㅣ
웨이

그림을 보고 읽고 소리내며 쓰세요!!

plant 식물
ㅍ·ㅡ·ㄹ·ㄹ·ㅐ·ㄴ·ㅌ 플랜트

plant

flower 꽃
ㅍ·ㅡ·ㄹ·ㄹ·ㅏ·ㅜ·ㅓ 플라우어

flower

bench 벤치
ㅂ·ㅔ·ㄴ·취 벤취

bench

corner 모퉁이
ㅋ·ㅗ·ㄴ·ㅓ 코·너

corner

hospital 병원
ㅎ·ㅏ·ㅅ·ㅍ·ㅣ·ㅌ·ㄹ 하·스피틀

hospital

library 도서관
ㄹ·ㅏ·ㅣ·ㅂ·ㄹㅇ·ㅔ·ㄹㅇ·ㅣ
라이브뤠뤼

library

sand 모래
ㅆ·ㅐ·ㄴ·ㄷ 쌘드

sand

step 걸음
ㅅ·ㅌ·ㅔ·ㅍ 스텦

step

stop 정류장, 멈추다
ㅅ·ㅌ·ㅏ·ㅍ 스따-ㅍ

stop

way 길, 도로
ㅇㅔ·ㅣ 웨이

way

연습문제

A 그림에 알맞은 영어 단어와 우리말 뜻을 골라 연결하세요.

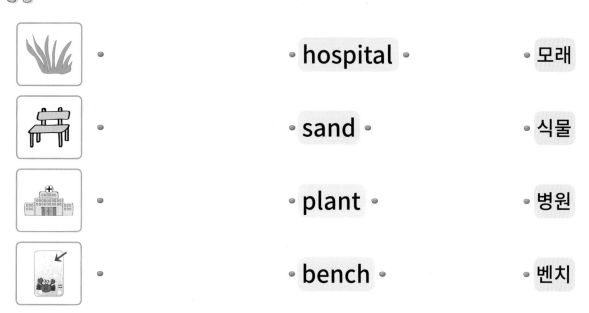

hospital · · 모래

sand · · 식물

plant · · 병원

bench · · 벤치

B 그림에 알맞은 영어 단어를 적어보세요.

보기   step · way · corner · library · flower · stop

꽃

모퉁이

도서관

걸음

정류장, 멈추다

길, 도로

Day 12  Sport 스포츠

 그림을 보고 듣고 읽고 쓰면 저절로 외워지는 단어

sport
스포츠

ㅅ·ㅍ·ㅗ·ㄹ·ㅌ
스포-츠

baseball
야구

ㅂ·ㅔ·ㅣ·ㅅ·ㅂ·ㅗ·ㄹ
베이스보-을

golf
골프

ㄱ·ㅗ·ㄹ·ㅍ
고-을프

tennis
테니스

ㅌ·ㅔ·ㄴ·ㅣ·ㅅ
테니스

soccer
축구

ㅆ·ㅏ·ㅋ·ㅓ·ㄹ
싸커

swimming
수영

ㅅ·ㅜ·ㅁ·ㅣ·ㅇ
스위밍

basketball
농구

ㅂ·ㅐ·ㅅ·ㅋ·ㅣ·ㅌ·ㅂ·ㅗ·ㄹ
배스킽보-을

bowling
볼링

ㅂ·ㅗ·ㅜ·ㄹ·ㄹ·ㅣ·ㅇ
보울링

handball
핸드볼

ㅎ·ㅐ·ㄴ·ㄷ·ㅂ·ㅗ·ㄹ
핸드보-을

volleyball
배구

ㅂ·ㅗ·ㅏ·ㄹ·ㄹ·ㅣ·ㅂ·ㅗ·ㄹ
발리보-을

그림을 보고 읽고 소리내려 쓰세요 !!

sport 스포트
ㅅ·ㅍ·ㅗ·ㄹ·ㅇ·ㅌ 스포-츠

sport

baseball 야구
ㅂ·ㅔ·ㅣ·ㅅ·ㅂ·ㅗ·ㄹ 베이스보-을

baseball

golf 골프
ㄱ·ㅗ·ㄹ·ㅍ·ㅇ 고-을프

golf

tennis 테니스
ㅌ·ㅔ·ㄴ·ㅣ·ㅅ 테니스

tennis

soccer 축구
ㅆ·ㅏ·ㅋ·ㅓ·ㄹㅇ 싸커

soccer

53

그림을 보고 읽고 소리내며 쓰세요!!

swimming 수영
ㅅ+ㅟ+ㅁ+ㅣ+ㅇ 스위밍

swimming

basketball 농구
ㅂ+ㅐ+ㅅ+ㅋ+ㅣ+ㅌ+ㅂ+ㅗ+ㄹ 배스킽보-을

basketball

bowling 볼링
ㅂ+ㅗ+ㅜ+ㄹ+ㄹ+ㅣ+ㅇ 보울링

bowling

handball 핸드볼
ㅎ+ㅐ+ㄴ+ㄷ+ㅂ+ㅗ+ㄹ 핸드보-을

handball

volleyball 배구
ㅂ+ㅏ+ㄹ+ㄹ+ㅣ+ㅂ+ㅗ+ㄹ 봘리보-을

volleyball

연습문제

A 그림에 알맞은 영어 단어와 우리말 뜻을 골라 연결하세요.

tennis · · 축구

soccer · · 골프

golf · · 야구

baseball · · 테니스

B 그림에 알맞은 영어 단어를 적어보세요.

보기 bowling · sport · volleyball · basketball · handball · swimming

스포츠

수영

농구

볼링

핸드볼

배구

Day 13   Appearance 외모

 그림을 보고 듣고 읽고 쓰면 저절로 외워지는 단어

old
늙은

ㅗ·ㅜ·ㄹ·ㄷ
오울드

young
젊은

ㅕ·ㅇ
영

thin
얇은

ㅆ·ㅣ·ㄴ
씬

thick
두꺼운

ㅆ·ㅣ·ㅋ
씩

tall
키가 큰

ㅌ·ㅗ·ㄹ
토-을

fat
뚱뚱한

ㅍ·ㅐ·ㅌ
팻

ugly
못생긴

ㅓ·ㄱ·ㅡ·ㄹ·ㄹ·ㅣ
어글리

pretty
예쁜

ㅍ·ㄹ·ㅏ·ㅣ·ㅌ·ㅣ
프뤼티

cute
귀여운

ㅋ·ㅠ·ㅍ·ㅌ
큐-트

handsome
잘생긴

ㅎ·ㅐ·ㄴ·ㅆ·ㅓ·ㅁ
핸썸

그림을 보고 읽고 소리내며 쓰세요!!

old 늙은
ㅗ+ㅜ+ㄹ+ㄷ 오울드

old

young 젊은
ㅕ+ㅇ 영

young

thin 얇은
ㅆㅇ+ㅣ+ㄴ 씬

thin

thick 두꺼운
ㅆㅇ+ㅣ+ㅋ 씩

thick

tall 키가 큰
ㅌ+ㅗ+ㄹ 토-을

tall

57

fat 뚱뚱한
ㅍ·ㅐ·ㅌ 퍨

fat

ugly 못생긴
ㅓ·ㄱ·ㅡ·ㄹ·ㄹ·ㅣ 어글리

ugly

pretty 예쁜
ㅍ·ㄹ·ㅓ·ㅣ·ㅌ·ㅣ 프뤼티

pretty

cute 귀여운
ㅋ·ㅠ·ㅌ 큐-트

cute

handsome 잘생긴
ㅎ·ㅐ·ㄴ·ㅆ·ㅓ·ㅁ 핸썸

handsome

연습문제

A 그림에 알맞은 영어 단어와 우리말 뜻을 골라 연결하세요.

 ·   · young ·   · 얇은

 ·   · old ·   · 두꺼운

 ·   · thin ·   · 늙은

 ·   · thick ·   · 젊은

B 그림에 알맞은 영어 단어를 적어보세요.

보기　ugly · tall · handsome · fat · cute · pretty

키가 큰

뚱뚱한

못생긴

예쁜

귀여운

잘생긴

 그림을 보고 듣고 읽고 쓰면 저절로 외워지는 단어

carpenter
목공

ㅋ·ㅏ·ㅍ·ㅔ·ㄴ·ㅌ·ㅓ
카-펜터

doctor
의사

ㄷ·ㅏ·ㅋ·ㅌ·ㅓ
닥터

nurse
간호사

ㄴ·ㅓ·ㅆ
너-쓰

cook
요리사

ㅋ·ㅜ·ㅋ
쿡

singer
가수

ㅆ·ㅣ·ㅇ·ㅓ
씽어

police
경찰

ㅍ·ㅓ·ㄹ·ㄹ·ㅣ·ㅆ
펄리-쓰

captain
선장

ㅋ·ㅐ·ㅍ·ㅌ·ㅣ·ㄴ
캡틴

soldier
군인

ㅆ·ㅗ·ㄷ·ㄹ·ㅈ·ㅓ
쏘울져

writer
작가

ㄹ·ㅏ·ㅣ·ㅌ·ㅓ
롸이터

pilot
비행기조종사

ㅍ·ㅏ·ㅣ·ㄹ·ㄹ·ㅓ·ㅌ
파일럿

그림을 보고 읽고 소리내며 쓰세요 !!

---

carpenter 목공
ㅋㅏ ㅍㅔ ㄴ ㅌㅓ 카-펜터

carpenter

---

doctor 의사
ㄷㅏ ㅋㅌㅓ 닥터

doctor

---

nurse 간호사
ㄴㅓ ㅆ 너-쓰

nurse

---

cook 요리사
ㅋㅜㅋ 쿡

cook

---

singer 가수
ㅆㅣ ㅇㅓ 씽어

singer

그림을 보고 읽고 소리내며 쓰세요 !!

police 경찰
ㅍ·ㅓ·ㄹ·ㄹ·l·ㅆ 펄리-쓰

police

captain 선장
ㅋ·ㅐ·ㅍ·ㅌ·l·ㄴ 캡틴

captain

soldier 군인
ㅆ·ㅗ·ㅜ·ㄹ·ㅈ·ㅓ 쏘울져

soldier

writer 작가
ㄹ·ㅇ·ㅏ·l·ㅌ·ㅓ 롸이터

writer

pilot 비행기조종사
ㅍ·ㅏ·l·ㄹ·ㄹ·ㅓ·ㅌ 파일럿

pilot

연습문제

A 그림에 알맞은 영어 단어와 우리말 뜻을 골라 연결하세요.

 ·

 ·

 ·

 ·

· singer ·   · 의사

· doctor ·   · 가수

· nurse ·   · 요리사

· cook ·   · 간호사

B 그림에 알맞은 영어 단어를 적어보세요.

보기: police · carpenter · soldier · pilot · writer · captain

경찰

목공

선장

군인

작가

비행기조종사

 그림을 보고 듣고 읽고 쓰면 저절로 외워지는 단어

television
텔레비전

ㅌ·ㅔ·ㄹ·ㄹ·ㅣ·ㅂ·ㅣ·ㅈ·ㅕ·ㄴ
텔리뷔젼

sofa
소파

ㅆ·ㅗ·ㅜ·ㅍ·ㅓ
쏘우퍼

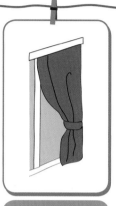

curtain
커튼

ㅋ·ㅓ·ㅌ·ㄴ
커-튼

table
탁자

ㅌ·ㅔ·ㅣ·ㅂ·ㅡ·ㄹ
테이블

cup
컵

ㅋ·ㅓ·ㅍ
컾

radio
라디오

ㄹ·ㅔ·ㅣ·ㄷ·ㅗ·ㅜ
뤠이디오우

clock
시계

ㅋ·ㄹ·ㄹ·ㅏ·ㅋ
클라-ㅋ

bookcase
책장

ㅂ·ㅜ·ㅋ·ㅋ·ㅔ·ㅣ·ㅅ
북케이스

telephone
전화기

ㅌ·ㅔ·ㄹ·ㄹ·ㅣ·ㅍ·ㅗ·ㅜ·ㄴ
텔리포운

picture
사진

ㅍ·ㅣ·ㅋ·ㅊ·ㅝ
픽춰

그림을 보고 읽고 소리내며 쓰세요!!

television 텔레비전
티·ㅔ·ㄹ·ㄹ·ㅣ·ㅂ·ㅇ·ㅣ·ㅈ·ㅓ·ㄴ
텔리뷔젼

television

sofa 소파
ㅆ·ㅗ·ㅜ·ㅍ·ㅇ·ㅓ 쏘우퍼

sofa

curtain 커튼
ㅋ·ㅓ·ㅌ·ㄴ 커-튼

curtain

table 탁자
티·ㅔ·ㅣ·ㅂ·ㅡ·ㄹ 테이블

table

cup 컵
ㅋ·ㅓ·ㅍ 컵

cup

그림을 보고 읽고 소리내며 쓰세요!!

radio 라디오
ㄹ·ㅔ·ㅣ·ㄷ·ㅣ·ㅗ·ㅜ 뤠이디오우

radio

clock 시계
ㅋ·ㄹ·ㄹ·ㅏ·ㅋ 클라-ㅋ

clock

bookcase 책장
ㅂ·ㅜ·ㅋ·ㅋ·ㅔ·ㅣ·ㅅ 북케이스

bookcase

telephone 전화기
ㅌ·ㅔ·ㄹ·ㄹ·ㅣ·ㅍ·ㅗ·ㅜ·ㄴ 텔리포운

telephone

picture 사진
ㅍ·ㅣ·ㅋ·춰 픽춰

picture

A 그림에 알맞은 영어 단어와 우리말 뜻을 골라 연결하세요.

· television ·   · 커튼

· curtain ·   · 텔레비전

· telephone ·   · 책장

· bookcase ·   · 전화기

B 그림에 알맞은 영어 단어를 적어보세요.

보기   cup · sofa · table · picture · clock · radio

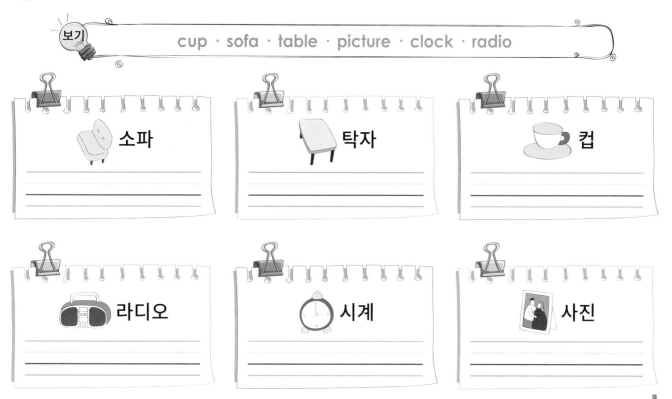

소파

탁자

컵

라디오

시계

사진

 그림을 보고 듣고 읽고 쓰면 저절로 외워지는 단어

hit
때리다

ㅎ·ㅣ·ㅌ
히트

hole
구멍

ㅎ·ㅗ·ㅜ·ㄹ
호울

fast
빠른

ㅍ·ㅐ·ㅅ·ㅌ
패스트

pool
수영장

ㅍ·ㅜ·ㄹ
푸-을

ticket
표

ㅌ·ㅣ·ㅋ·ㅣ·ㅌ
티킽

pan
냄비

ㅍ·ㅐ·ㄴ
팬

oil
기름

ㅗ·ㅣ·ㄹ
오일

because
왜냐하면

ㅂ·ㅣ·ㅋ·ㅗ·ㅈ
비코-즈

one   the other

other
다른, 그 밖의

ㅓ·ㄷ·ㅓ
어더

bone
뼈

ㅂ·ㅗ·ㅜ·ㄴ
보운

그림을 보고 읽고 소리내며 쓰세요!!

hit 때리다
ㅎ+ㅣ+ㅌ 히트

hit

hole 구멍
ㅎ+ㅗ+ㅜ+ㄹ 호울

hole

fast 빠른
ㅍㅏ+ㅐ+ㅅ+ㅌ 페스트

fast

pool 수영장
ㅍ+ㅜ+ㄹ 푸-을

pool

ticket 표
ㅌ+ㅣ+ㅋ+ㅣ+ㅌ 티킽

ticket

그림을 보고 읽고 소리내며 쓰세요!!

pan 냄비
ㅍ+ㅐ+ㄴ 팬

pan

oil 기름
ㅗ+ㅣ+ㄹ 오일

oil

because 왜냐하면
ㅂ+ㅣ+ㅋ+ㅗ+ㅈ 비코-즈

because

other 다른, 그 밖의
ㅓ+ㄷ+ㅓ 어더
one   the other

other

bone 뼈
ㅂ+ㅗ+ㅜ+ㄴ 보운

bone

 연습문제

A 그림에 알맞은 영어 단어와 우리말 뜻을 골라 연결하세요.

- pan - · 표
- hole - · 구멍
- ticket - · 수영장
- pool - · 냄비

B 그림에 알맞은 영어 단어를 적어보세요.

보기   because · hit · fast · oil · bone · other

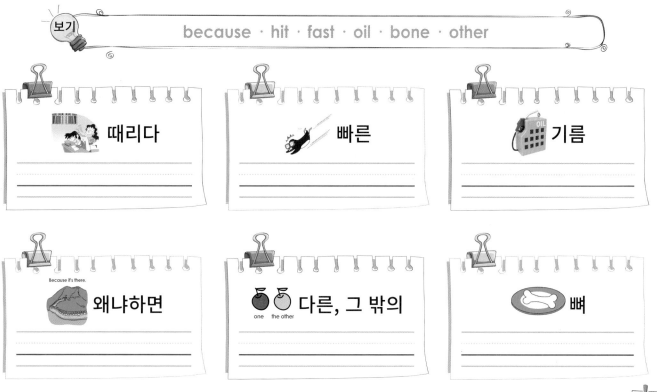

때리다

빠른

기름

왜냐하면

다른, 그 밖의

뼈

71

Day 17 Body 몸

그림을 보고 듣고 읽고 쓰면 저절로 외워지는 단어

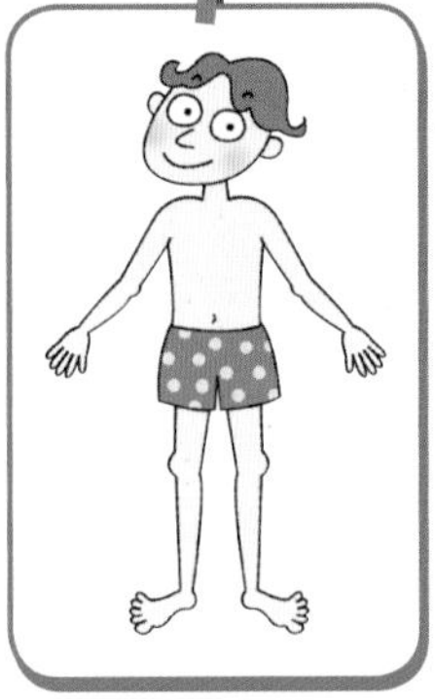

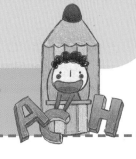

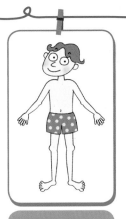

body
몸
ㅂ+ㅏ+ㄷ+ㅣ
바-디

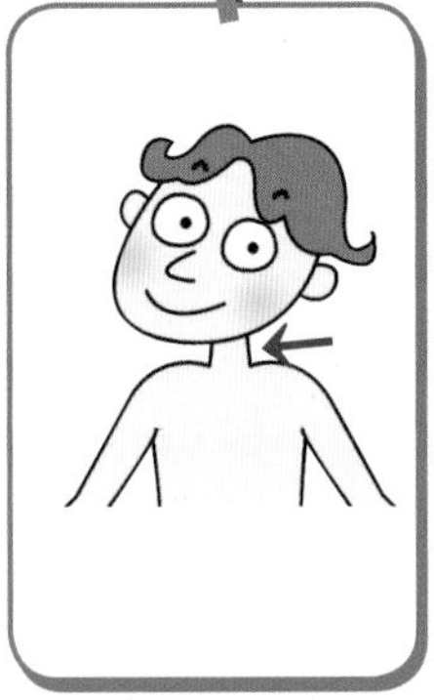

neck
목
ㄴ+ㅔ+ㅋ
넥

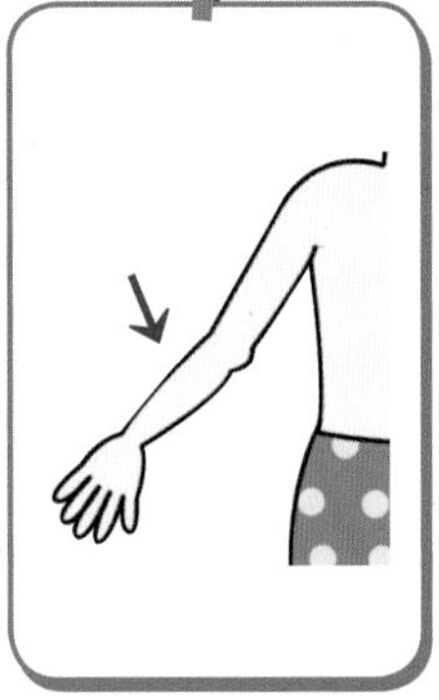

arm
팔
ㅏ+ㅇ+ㅁ
아-ㅁ

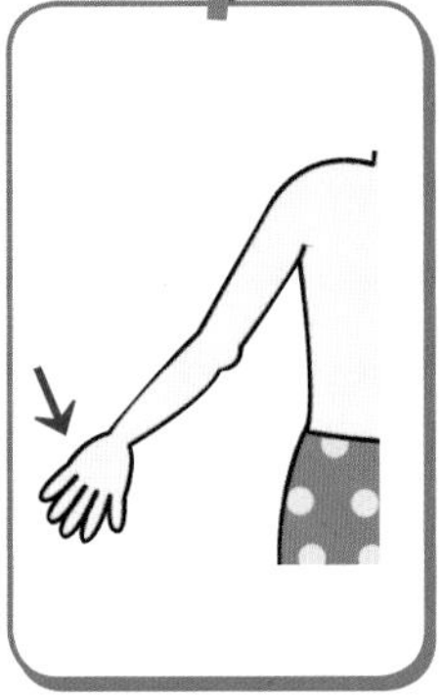

hand
손
ㅎ+ㅐ+ㄴ+ㄷ
핸드

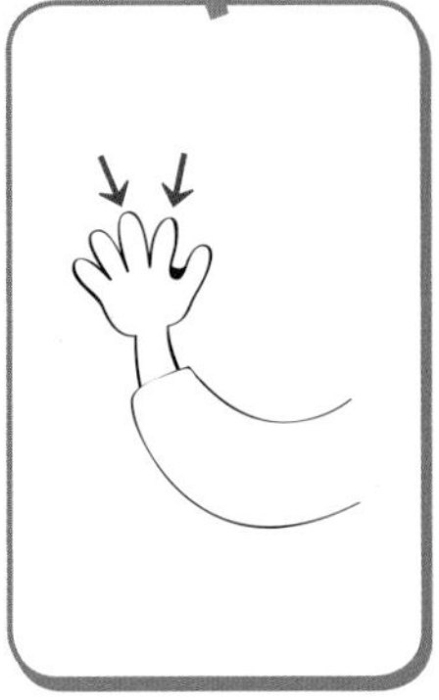

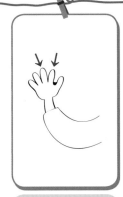

finger
손가락
ㅍ+ㅣ+ㅇ+ㄱ+ㅓ
핑거

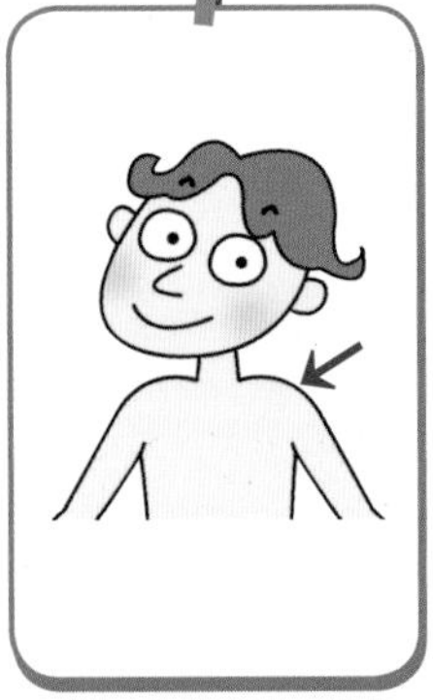

shoulder
어깨
쉬+ㅗ+ㅜ+ㄹ+ㄷ+ㅓ
쇼울더

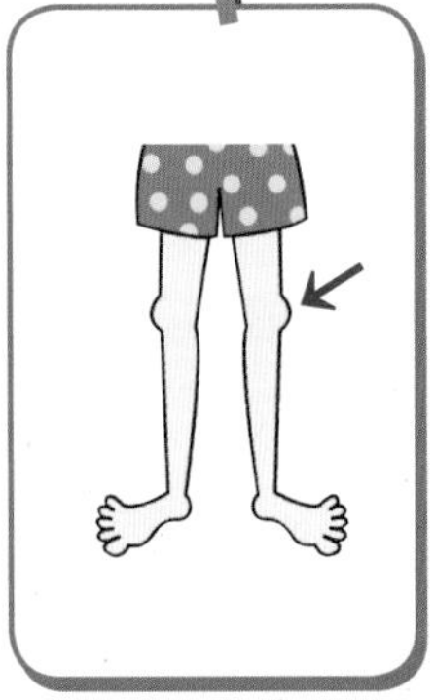

knee
무릎
ㄴ+ㅣ
니-

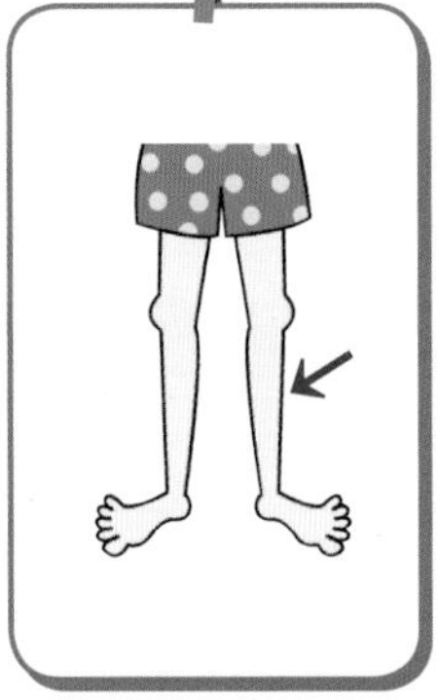

leg
다리
ㄹ+ㅔ+ㄱ
레그

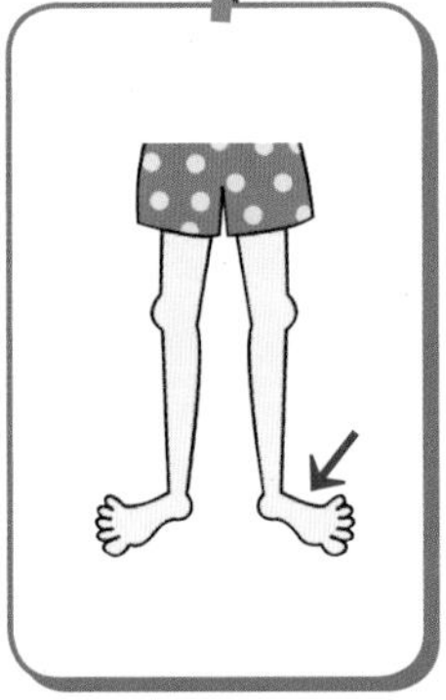

foot
발
ㅍ+ㅜ+ㅌ
풑

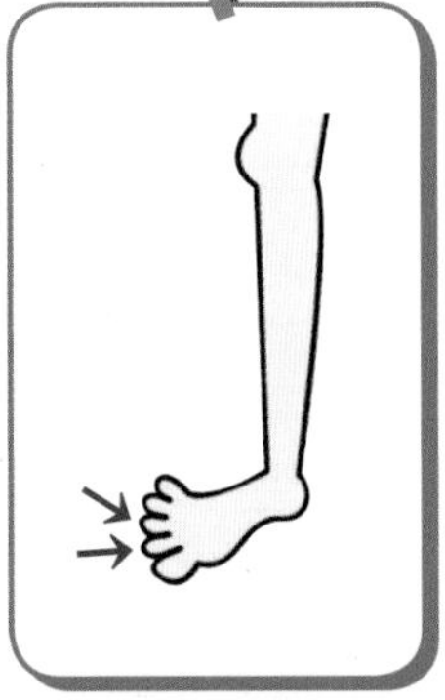

toe
발가락
ㅌ+ㅗ+ㅜ
토우

그림을 보고 읽고 소리내며 쓰세요!!

body 몸
ㅂ·ㅏ·ㄷ·ㅣ 바-디

body

neck 목
ㄴ·ㅔ·ㅋ 넥

neck

arm 팔
ㅏ·ㅇ·ㅁ 아-ㅁ

arm

hand 손
ㅎ·ㅐ·ㄴ·ㄷ 핸드

hand

finger 손가락
ㅍ·ㅣ·ㅇ·ㄱ·ㅓ 핑거

finger

그림을 보고 읽고 소리내며 쓰세요!!

shoulder 어깨
쉬+ㅗ+ㅜ+ㄹ+ㄷ+ㅓ 쇼울더

shoulder

knee 무릎
ㄴ+ㅣ 니-

knee

leg 다리
ㄹ+ㅔ+ㄱ 레그

leg

foot 발
ㅍ+ㅜ+ㅌ 풋

foot

toe 발가락
ㅌ+ㅗ+ㅜ 토우

toe

A 그림에 알맞은 영어 단어와 우리말 뜻을 골라 연결하세요.

· arm ·   · 무릎

· body ·   · 손가락

· knee ·   · 몸

· finger ·   · 팔

B 그림에 알맞은 영어 단어를 적어보세요.

보기   shoulder · neck · toe · hand · leg · foot

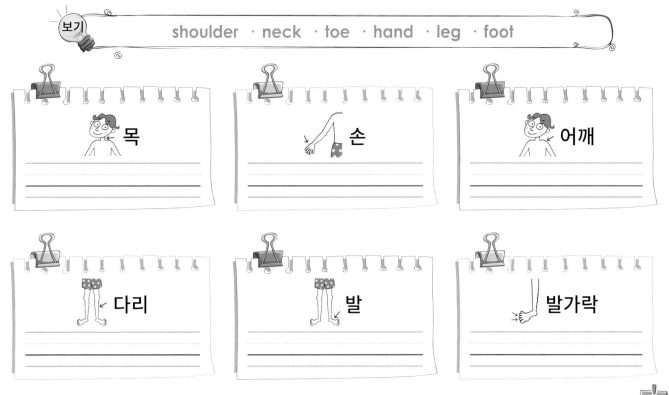

목

손

어깨

다리

발

발가락

Day 18  Face 얼굴

 그림을 보고 듣고 읽고 쓰면 저절로 외워지는 단어

face
얼굴

ㅍ·ㅔ·ㅣ·ㅅ
페이스

hair
머리카락

ㅎ·ㅔ·ㅓ·ㄹㅇ
헤어

head
머리

ㅎ·ㅔ·ㄷ
헤드

eye
눈

ㅏ·ㅣ
아이

nose
코

ㄴ·ㅗ·ㅜ·ㅈ
노우즈

ear
귀

ㅣ·ㅓ·ㄹㅇ
이어

mouth
입

ㅁ·ㅏ·ㅜ·ㅆㅇ
마우쓰

lip
입술

ㄹ·ㅣ·ㅍ
맆

chin
턱

ㅊ·ㅟ·ㄴ
췬

cheek
볼, 뺨

ㅊ·ㅟ·ㅋ
취-ㅋ

76

그림을 보고 읽고 소리내며 쓰세요 !!

face 얼굴
ㅍ○・ㅔ・ㅣ・ㅅ 풰이스

face

hair 머리카락
ㅎ・ㅔ・ㅓ・ㄹ○ 헤어

hair

head 머리
ㅎ・ㅔ・ㄷ 헤드

head

eye 눈
ㅏ・ㅣ 아이

eye

nose 코
ㄴ・ㅗ・ㅜ・ㅈ 노우즈

nose

그림을 보고 읽고 소리내며 쓰세요!!

ear
ㅣ+ㅓ+ㄹㅇ 이어

ear

mouth 입
ㅁ+ㅏ+ㅜ+ㅆㅇ 마우쓰

mouth

lip 입술
ㄹ+ㅣ+ㅍ 맆

lip

chin 턱
취+ㄴ 췬

chin

cheek 볼, 뺨
취+ㅋ 취-ㅋ

cheek

A 그림에 알맞은 영어 단어와 우리말 뜻을 골라 연결하세요.

eye · · 머리카락

hair · · 입술

lip · · 귀

ear · · 눈

B 그림에 알맞은 영어 단어를 적어보세요.

보기 mouth · cheek · nose · head · chin · face

볼, 뺨

얼굴

머리

코

입

턱

Day 19  House 집

 그림을 보고 듣고 읽고 쓰면 저절로 외워지는 단어

house
집

ㅎㅇㅜㅅ
하우스

roof
지붕

ㄹㅇㅜㅍ
루프

ceiling
천장

ㅆㅣㄹㅣㅇ
씨-일링

floor
마루

ㅍㅗㄹㄹ
플로-

room
방

ㄹㅇㅜㅁ
루-ㅁ

bathroom
욕실

ㅂㅐㅆㅇㄹㅇㅜㅁ
배쓰-루-음

kitchen
부엌

ㅋㅣ취ㄴ
키췬

garden
정원

ㄱㅏㄷㄴ
가-든

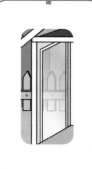

window
창문

ㅟㄴㄷㅗㅜ
윈도우

home
집, 가정

ㅎㅗㅜㅁ
호움

그림을 보고 읽고 소리내며 쓰세요!!

house 집
ㅎ+ㅏ+ㅜ+ㅅ 하우스

house

roof 지붕
ㄹ+ㅜ+ㅍ 루프

roof

ceiling 천장
ㅆ+ㅣ+ㄹ+ㅣ+ㅇ 씨-일링

ceiling

floor 마루
ㅍ+ㄹ+ㄹ+ㅗ 플로-

floor

room 방
ㄹ+ㅜ+ㅁ 루-ㅁ

room

그림을 보고 읽고 소리내며 쓰세요!!

bathroom 욕실
ㅂ·ㅐ·ㅆ·ㄹ·ㅜ·ㅁ 배쓰-루-음

bathroom

kitchen 부엌
ㅋ·ㅣ·췬·ㄴ 키췬

kitchen

garden 정원
ㄱ·ㅏ·ㄷ·ㄴ 가-든

garden

window 창문
ㅝ·ㄴ·ㄷ·ㅗ·ㅜ 윈도우

window

home 집, 가정
ㅎ·ㅗ·ㅜ·ㅁ 호움

home

A 그림에 알맞은 영어 단어와 우리말 뜻을 골라 연결하세요.

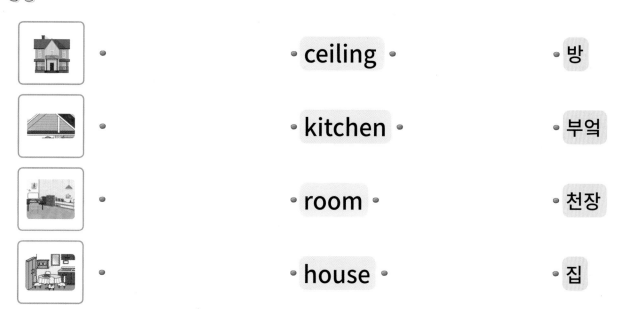

ceiling · · 방

kitchen · · 부엌

room · · 천장

house · · 집

B 그림에 알맞은 영어 단어를 적어보세요.

보기 floor · roof · garden · bathroom · window · home

창문

지붕

마루

욕실

정원

집, 가정

Day 20   Number 숫자

그림을 보고 듣고 읽고 쓰면 저절로 외워지는 단어

one 하나
ㅇ·ㅝ·ㄴ
원

two 둘
ㅌ·ㅜ
투

three 셋
ㅆ·ㄹ·ㅣ
쓰뤼-

four 넷
ㅍ·ㅗ
포-

five 다섯
ㅍ·ㅏ·ㅣ·ㅂ
파이브

six 여섯
ㅆ·ㅣ·ㄱ·ㅆ
씩스

seven 일곱
ㅆ·ㅔ·ㅂ·ㄴ
쎄븐

eight 여덟
ㅔ·ㅣ·ㅌ
에잍

nine 아홉
ㄴ·ㅏ·ㅣ·ㄴ
나인

ten 열
ㅌ·ㅔ·ㄴ
텐

그림을 보고 읽고 소리내며 쓰세요!!

1 **one** 하나
ㅝ+ㄴ 원

one

2 **two** 둘
ㅌ+ㅜ 투

two

3 **three** 셋
ㅆ+ㄹ+ㅣ 쓰뤼-

three

4 **four** 넷
ㅍ+ㅗ 포-

four

5 **five** 다섯
ㅍ+ㅏ+ㅣ+ㅂ 파이브

five

그림을 보고 읽고 소리내며 쓰세요!!

6 **six** 여섯
ㅆ·ㅣ·ㄱ·ㅆ 씩스

six

7 **seven** 일곱
ㅆ·ㅔ·ㅂ·ㅇ·ㄴ 쎄븐

seven

8 **eight** 여덟
ㅔ·ㅣ·ㅌ 에잍

eight

9 **nine** 아홉
ㄴ·ㅏ·ㅣ·ㄴ 나인

nine

10 **ten** 열
ㅌ·ㅔ·ㄴ 텐

ten

연습문제

A 그림에 알맞은 영어 단어와 우리말 뜻을 골라 연결하세요.

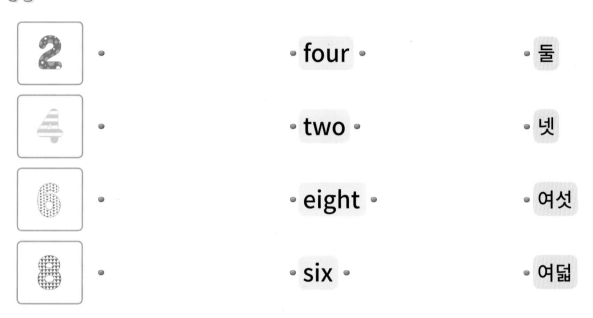

2	• four •	• 둘
4	• two •	• 넷
6	• eight •	• 여섯
8	• six •	• 여덟

B 그림에 알맞은 영어 단어를 적어보세요.

보기　five · three · nine · one · seven · ten

1 하나

3 셋

5 다섯

7 일곱

9 아홉

10 열

Day 21  Nature 자연

nature
자연

ㄴ·ㅔ·ㅣ·춰
네이춰

earth
지구

ㅓ·ㄹㅇ·ㅆㅇ
어-쓰

lake
호수

ㄹ·ㅔ·ㅣ·ㅋ
레이크

moon
달

ㅁ·ㅜ·ㄴ
무-ㄴ

river
강

ㄹㅇ·ㅣ·ㅂㅇ·ㅓ
뤼버

sea
바다

ㅆ·ㅣ
씨-

sky
하늘

ㅅ·ㅋ·ㅏ·ㅣ
스카이

star
별

ㅅ·ㅌ·ㅏ
스타

sun
태양

ㅆ·ㅓ·ㄴ
썬

tree
나무

ㅌ·ㄹㅇ·ㅣ
트뤼-

그림을 보고 읽고 소리내며 쓰세요 !!

nature 자연
ㄴ+ㅔ+ㅣ+춰 네이춰

nature

earth 지구
ㅓ+ㄹ어+ㅆㅇ 어-쓰

earth

lake 호수
ㄹ+ㅔ+ㅣ+ㅋ 레이크

lake

moon 달
ㅁ+ㅜ+ㄴ 무-ㄴ

moon

river 강
ㄹ어+ㅣ+ㅂ어+ㅓ 뤼버

river

그림을 보고 읽고 소리내며 쓰세요!!

sea 바다
ㅆ·ㅣ 씨-

sea

sky 하늘
ㅅ·ㅋ·ㅏ·ㅣ 스카이

sky

star 별
ㅅ·ㅌ·ㅏ 스타

star

sun 태양
ㅆ·ㅓ·ㄴ 썬

sun

tree 나무
ㅌ·ㄹㅇ·ㅣ 트뤼-

tree

연습문제

A 그림에 알맞은 영어 단어와 우리말 뜻을 골라 연결하세요.

sea · · 별

star · · 바다

earth · · 달

moon · · 지구

B 그림에 알맞은 영어 단어를 적어보세요.

보기   nature · tree · river · sky · lake · sun

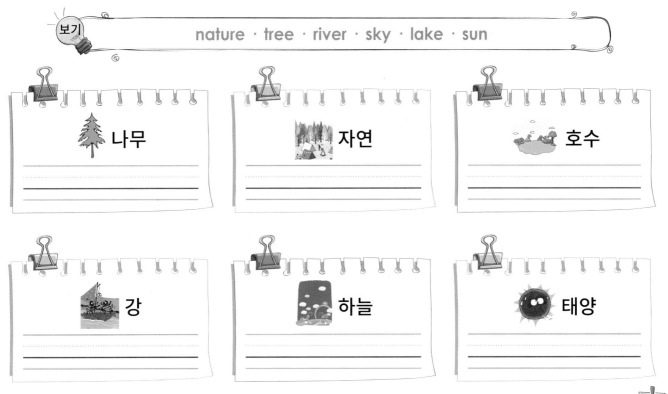

나무

자연

호수

강

하늘

태양

Day 22 Clothes 옷

그림을 보고 듣고 읽고 쓰면 저절로 외워지는 단어

clothes
옷
ㅋ+ㅡ+ㄹ+ㄹ+ㅗ+ㅜ+ㅈ
클로우즈

dress
드레스, 원피스
ㄷ+ㄹㅇ+ㅔ+ㅅ
드뤠스

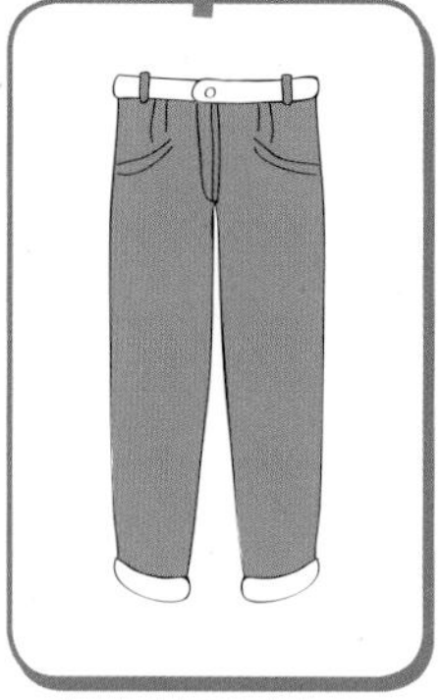

pants
바지
ㅍ+ㅐ+ㄴ+ㅊ
팬츠

coat
코트
ㅋ+ㅗ+ㅜ+ㅌ
코우트

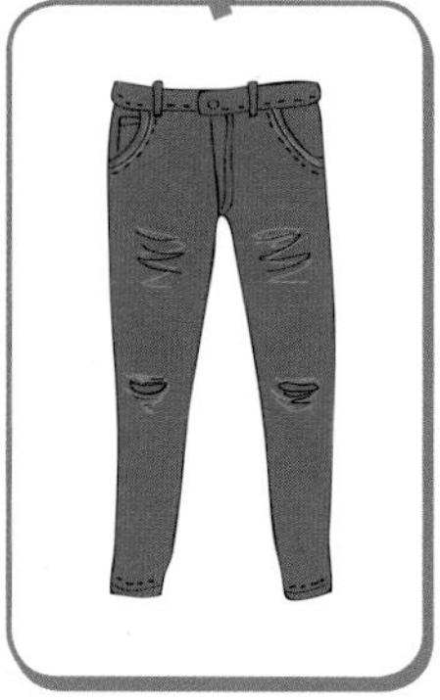

jeans
청바지
쥐+ㄴ+ㅈ
쥐-인즈

hat
모자
ㅎ+ㅐ+ㅌ
햍

shoes
신발
슈+ㅈ
슈-즈

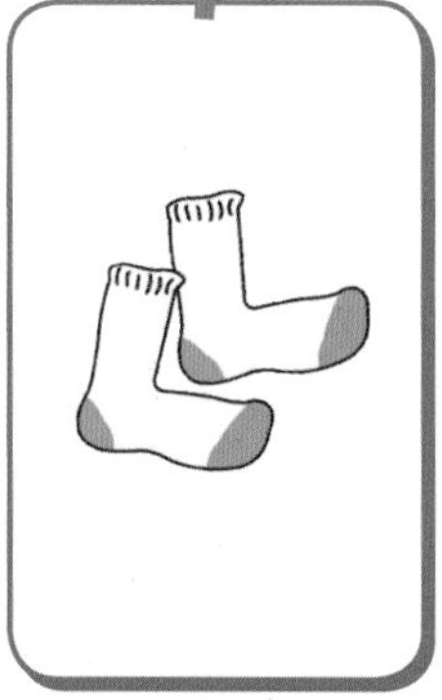

socks
양말
ㅆ+ㅏ+ㅋ+ㅅ
싹-스

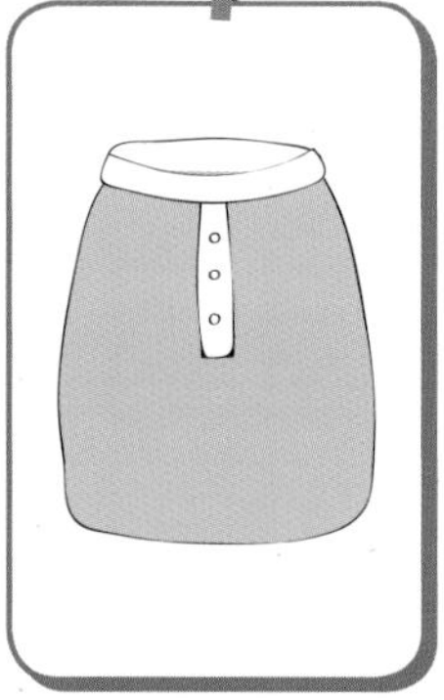

skirt
치마
ㅅ+ㅋ+ㅓ+ㅌ
스커-트

sweater
스웨터
ㅅ+ㅞ+ㅌ+ㅓ
스웨터

그림을 보고 읽고 소리내며 쓰세요 !!

clothes 옷
ㅋ·ㅡ·ㄹㄹ·ㅗ·ㅜ·ㅈ 클로우즈

clothes

dress 드레스, 원피스
ㄷ·ㄹ·ㅇ·ㅔ·ㅅ 드뤠스

dress

pants 바지
ㅍ·ㅐ·ㄴ·ㅊ 팬츠

pants

coat 코트
ㅋ·ㅗ·ㅜ·ㅌ 코우트

coat

jeans 청바지
ㅈ·ㄴ·ㅈ 쥐-인즈

jeans

그림을 보고 읽고 소리내며 쓰세요 !!

hat 모자
ㅎ+ㅐ+ㅌ 햍

hat

shoes 신발
슈+ㅈ 슈-즈

shoes

socks 양말
ㅆ+ㅏ+ㅋ+ㅅ 싹-스

socks

skirt 치마
ㅅ+ㅋ+ㅓ+ㅌ 스커-트

skirt

sweater 스웨터
ㅅ+ㅔ+ㅌ+ㅓ 스웨터

sweater

연습문제

A 그림에 알맞은 영어 단어와 우리말 뜻을 골라 연결하세요.

clothes · · 청바지

pants · · 바지

shoes · · 옷

jeans · · 신발

B 그림에 알맞은 영어 단어를 적어보세요.

보기   hat · dress · skirt · coat · socks · sweater

드레스, 원피스

코트

모자

양말

치마

스웨터

Day 23   Time 시간

 그림을 보고 듣고 읽고 쓰면 저절로 외워지는 단어

time
시간

ㅌ·ㅏ·ㅣ·ㅁ
타임

hour
1시간

ㅏ·ㅜ·ㅓ
아우어

minute
분

ㅁ·ㅣ·ㄴ·ㅣ·ㅌ
미닡

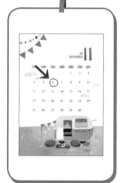

day
낮, 하루

ㄷ·ㅔ·ㅣ
데이

night
밤

ㄴ·ㅏ·ㅣ·ㅌ
나잍

morning
아침

ㅁ·ㅗ·ㄹ·ㄴ·ㅣ·ㅇ
모-닝

afternoon
오후

ㅐ·ㅍ·ㅌ·ㅓ·ㄴ·ㅜ·ㄴ
애프터누-ㄴ

evening
저녁

ㅣ·ㅂ·ㄴ·ㅣ·ㅇ
이-브닝

now
지금

ㄴ·ㅏ·ㅜ
나우

o'clock
~시

ㅓ·ㅋ·ㄹ·ㄹ·ㅏ·ㅋ
어클라-ㅋ

그림을 보고 읽고 소리내며 쓰세요!!

time 시간
ㅌ·ㅏ·ㅣ·ㅁ 타임

time

hour 1시간
ㅏ·ㅜ·ㅓ 아우어

hour

minute 분
ㅁ·ㅣ·ㄴ·ㅣ·ㅌ 미닡

minute

day 낮, 하루
ㄷ·ㅔ·ㅣ 데이

day

night 밤
ㄴ·ㅏ·ㅣ·ㅌ 나잍

night

그림을 보고 읽고 소리내며 쓰세요!!

morning 아침
ㅁ+ㅗ+ㄹ+ㄴ+ㅣ+ㅇ 모-닝

morning

afternoon 오후
ㅐ+ㅍ+ㅌ+ㅓ+ㄴ+ㅜ+ㄴ 애프터누-ㄴ

afternoon

evening 저녁
ㅣ+ㅂ+ㄴ+ㅣ+ㅇ 이-브닝

evening

now 지금
ㄴ+ㅏ+ㅜ 나우

now

o'clock ~시
ㅓ+ㅋ+ㄹ+ㄹ+ㅏ+ㅋ 어클라-ㅋ

o'clock

98

연습문제

A 그림에 알맞은 영어 단어와 우리말 뜻을 골라 연결하세요.

morning   오후

afternoon   시간

time   밤

night   아침

B 그림에 알맞은 영어 단어를 적어보세요.

보기   day · hour · o'clock · now · minute · evening

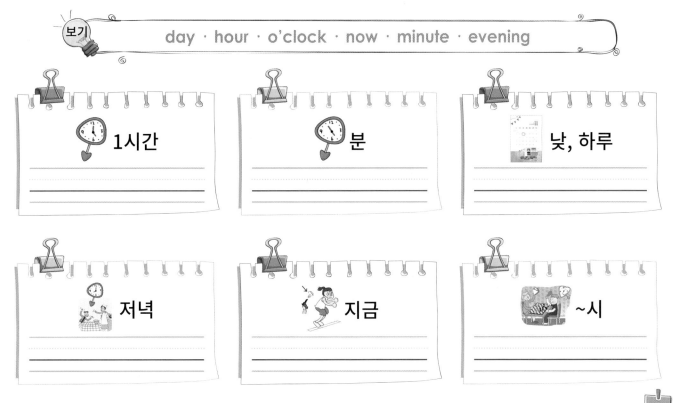

1시간

분

낮, 하루

저녁

지금

~시

 그림을 보고 듣고 읽고 쓰면 저절로 외워지는 단어

do
행하다

ㄷ+ㅜ
두

cut
자르다

ㅋ+ㅓ+ㅌ
컽

put
~에 두다, 놓다

ㅍ+ㅜ+ㅌ
풑

get
얻다

ㄱ+ㅔ+ㅌ
겥

hold
잡다, 쥐다

ㅎ+ㅗ+ㅜ+ㄹ+ㄷ
호울드

have
가지다

ㅎ+ㅐ+ㅂ+ㅇ
해브

use
사용하다

ㅠ+ㅈ
유-즈

keep
유지하다, 가지고 있다

ㅋ+ㅣ+ㅍ
키-ㅍ

let
~하게 하다

ㄹ+ㅔ+ㅌ
렡

set
~을 놓다, 설정하다

ㅆ+ㅔ+ㅌ
셑

그림을 보고 읽고 소리내며 쓰세요!!

do 행하다
ㄷ+ㅜ 두

do

cut 자르다
ㅋ+ㅓ+ㅌ 컷

cut

put ~에 두다, 놓다
ㅍ+ㅜ+ㅌ 풋

put

get 얻다
ㄱ+ㅔ+ㅌ 겟

get

hold 잡다, 쥐다
ㅎ+ㅗ+ㅜ+ㄹ+ㄷ 호울드

hold

그림을 보고 읽고 소리내며 쓰세요!!

have 가지다
ㅎ+ㅐ+ㅂ 해브

have

use 사용하다
ㅠ+ㅈ 유-즈

use

keep 유지하다, 가지고 있다
ㅋ+ㅣ+ㅍ 키-ㅍ

keep

let ~하게 하다
ㄹ+ㅔ+ㅌ 렡

let

set ~을 놓다, 설정하다
ㅆ+ㅔ+ㅌ 쎝

set

연습문제

A 그림에 알맞은 영어 단어와 우리말 뜻을 골라 연결하세요.

 ·   · put ·   · 자르다

 ·   · have ·   · ~에 두다, 놓다

·   · hold ·   · 가지다

 ·   · cut ·   · 잡다, 쥐다

B 그림에 알맞은 영어 단어를 적어보세요.

보기: let · do · keep · get · set · use

행하다

얻다

유지하다, 가지고 있다

~하게 하다

~을 놓다, 설정하다

사용하다

Day 25  Weather 날씨

 그림을 보고 듣고 읽고 쓰면 저절로 외워지는 단어

rain
비

ㄹ·ㅔ·ㅣ·ㄴ
뤠인

snow
눈

ㅅ·ㄴ·ㅗ·ㅜ
스노우

wind
바람

ㅜㅣ·ㄴ·ㄷ
윈드

thunder
번개

ㅆ·ㅓ·ㄴ·ㄷ·ㅓ
썬더

storm
폭풍

ㅅ·ㅌ·ㅗ·ㄹ·ㅁ
스토-ㅁ

flood
홍수

ㅍ·ㅡ·ㄹ·ㄹ·ㅓ·ㄷ
플러드

dry
건조한

ㄷ·ㄹ·ㅏ·ㅣ
드라이

wet
젖은

ㅞ·ㅌ
웰

hot
더운

ㅎ·ㅏ·ㅌ
핟

cold
추운

ㅋ·ㅗ·ㅜ·ㄹ·ㄷ
코울드

그림을 보고 읽고 소리내며 쓰세요 !!

rain 비
ㄹㅇ・ㅔ・ㅣ・ㄴ 뤠인

rain

snow 눈
ㅅ・ㄴ・ㅗ・ㅜ 스노우

snow

wind 바람
ㅝ・ㄴ・ㄷ 윈드

wind

thunder 번개
ㅆㅇ・ㅓ・ㄴ・ㄷ・ㅓ 썬더

thunder

storm 폭풍
ㅅ・ㅌ・ㅗ・ㄹㅇ・ㅁ 스토-ㅁ

storm

그림을 보고 읽고 소리내며 쓰세요 !!

flood 홍수
ㅍㅇ+ㅡ+ㄹㄹ+ㅣ+ㄷ 플러드

flood

dry 건조한
ㄷ+ㄹㅇ+ㅏ+ㅣ 드롸이

dry

wet 젖은
ㅞ+ㅌ 웰

wet

hot 더운
ㅎ+ㅏ+ㅌ 핱

hot

cold 추운
ㅋ+ㅗ+ㅜ+ㄹ+ㄷ 코울드

cold

연습문제

Ⓐ 그림에 알맞은 영어 단어와 우리말 뜻을 골라 연결하세요.

 · · dry · · 건조한

· · storm · · 바람

 · · rain · · 폭풍

· · wind · · 비

Ⓑ 그림에 알맞은 영어 단어를 적어보세요.

보기 　wet · flood · snow · cold · thunder · hot

눈 _____

번개 _____

홍수 _____

젖은 _____

더운 _____

추운 _____

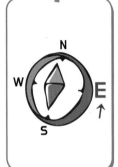

east
동쪽

ㅣ·ㅅ·ㅌ
이-스트

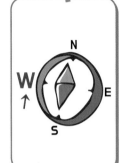

west
서쪽

ㅞ·ㅅ·ㅌ
웨스트

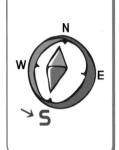

south
남쪽

ㅆ·ㅏ·ㅜ·ㅆ
싸우쓰

north
북쪽

ㄴ·ㅗ·ㄹ·ㅆ
노-쓰

center
중심

ㅆ·ㅔ·ㄴ·ㅌ·ㅓ
쎈터

front
앞의

ㅍ·ㄹ·ㅓ·ㄴ·ㅌ
프뤈트

right
오른쪽

ㄹ·ㅏ·ㅣ·ㅌ
롸이트

left
왼쪽

ㄹ·ㅔ·ㅍ·ㅌ
레프트

turn
돌다

ㅌ·ㅓ·ㄹ·ㄴ
터-ㄴ

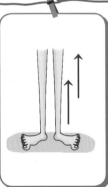

straight
곧은, 똑바른

ㅅ·ㅌ·ㄹ·ㅔ·ㅣ·ㅌ
스트뤠이트

그림을 보고 읽고 소리내며 쓰세요!!

east 동쪽
ㅣ·ㅅ·ㅌ 이-스트

east

west 서쪽
ㅔ·ㅅ·ㅌ 웨스트

west

south 남쪽
ㅆ·ㅏ·ㅜ·ㅆ 싸우쓰

south

north 북쪽
ㄴ·ㅗ·ㄹ·ㅆ 노-쓰

north

center 중심
ㅆ·ㅔ·ㄴ·ㅌ·ㅓ 쎈터

center

그림을 보고 읽고 소리내며 쓰세요!!

front 앞의
ㅍ+ㄹ+ㅓ+ㄴ+ㅌ 프뤈트

front

right 오른쪽
ㄹ+ㅏ+ㅣ+ㅌ 롸이트

right

left 왼쪽
ㄹ+ㅔ+ㅍ+ㅌ 레프트

left

turn 돌다
ㅌ+ㅓ+ㄹ+ㄴ 터-ㄴ

turn

straight 곧은, 똑바른
ㅅ+ㅌ+ㄹ+ㅔ+ㅣ+ㅌ 스트뤠이트

straight

연습문제

A 그림에 알맞은 영어 단어와 우리말 뜻을 골라 연결하세요.

 · · front · · 앞의

 · · north · · 왼쪽

 · · west · · 북쪽

 · · left · · 서쪽

B 그림에 알맞은 영어 단어를 적어보세요.

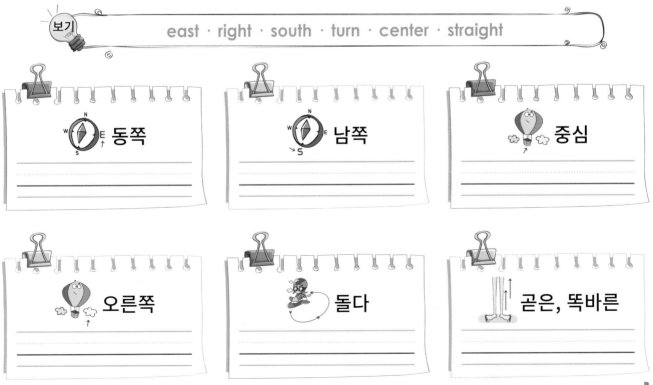

보기   east · right · south · turn · center · straight

동쪽

남쪽

중심

오른쪽

돌다

곧은, 똑바른

Day 27 Vehicle 탈것

 그림을 보고 듣고 읽고 쓰면 저절로 외워지는 단어

road
도로

ㄹ·ㅗ·ㅜ·ㄷ
로우드

airplane
비행기

ㅔ·ㅓ·ㅍ·ㄹ·ㄹ·ㅔ·ㅣ·ㄴ
에어플레인

boat
보트

ㅂ·ㅗ·ㅜ·ㅌ
보우트

bus
버스

ㅂ·ㅓ·ㅅ
버스

bicycle
자전거

ㅂ·ㅏ·ㅣ·ㅆ·ㅣ·ㅋ·ㄹ
바이씨클

car
자동차

ㅋ·ㅏ
카-

train
기차

ㅌ·ㄹ·ㅇ·ㅔ·ㅣ·ㄴ
트뤠인

scooter
스쿠터

ㅅ·ㅋ·ㅜ·ㅌ·ㅓ
스쿠-터

taxi
택시

ㅌ·ㅐ·ㅋ·ㅅ·ㅣ
택씨

truck
트럭

ㅌ·ㄹ·ㅇ·ㅓ·ㅋ
트뤅

그림을 보고 읽고 소리내며 쓰세요 !!

road 도로
ㄹㅇ·ㅗ·ㅜ·ㄷ 로우드

road

airplane 비행기
ㅔ·ㅓ·ㅍ·ㄹ·ㄹ·ㅔ·ㅣ·ㄴ 에어플레인

airplane

boat 보트
ㅂ·ㅗ·ㅜ·ㅌ 보우트

boat

bus 버스
ㅂ·ㅓ·ㅅ 버스

bus

bicycle 자전거
ㅂ·ㅏ·ㅣ·ㅆ·ㅣ·ㅋ·ㄹ 바이씨클

bicycle

그림을 보고 읽고 소리내며 쓰세요!!

car 자동차
ㅋ·ㅏ 카-

car

train 기차
ㅌ·ㄹ°·ㅔ·ㅣ·ㄴ 트뤠인

train

scooter 스쿠터
ㅅ·ㅋ·ㅜ·ㅌ·ㅓ 스쿠-터

scooter

taxi 택시
ㅌ·ㅐ·ㅋ·ㅅ·ㅣ 택씨

taxi

truck 트럭
ㅌ·ㄹ°·ㅓ·ㅋ 트뤅

truck

연습문제

A 그림에 알맞은 영어 단어와 우리말 뜻을 골라 연결하세요.

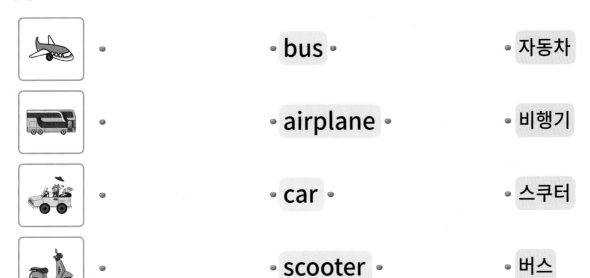

- bus
- airplane
- car
- scooter

- 자동차
- 비행기
- 스쿠터
- 버스

B 그림에 알맞은 영어 단어를 적어보세요.

보기

train · road · boat · truck · bicycle · taxi

도로

보트

자전거

기차

택시

트럭

Day 28 Color 색깔

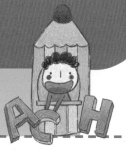

그림을 보고 듣고 읽고 쓰면 저절로 외워지는 단어

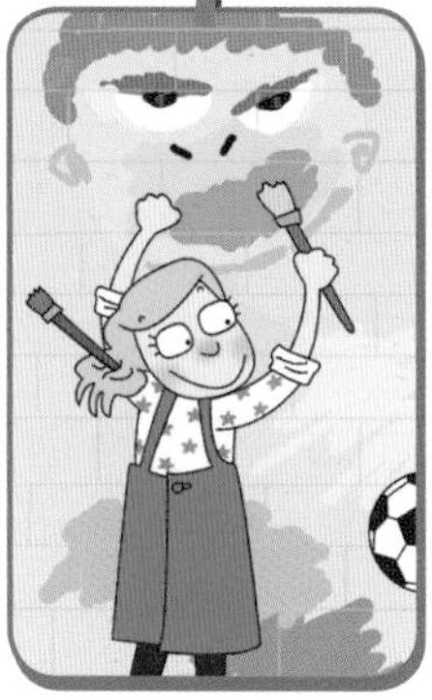

color
색깔
ㅋ+ㅓ+ㄹ+ㄹ+ㅓ
컬러

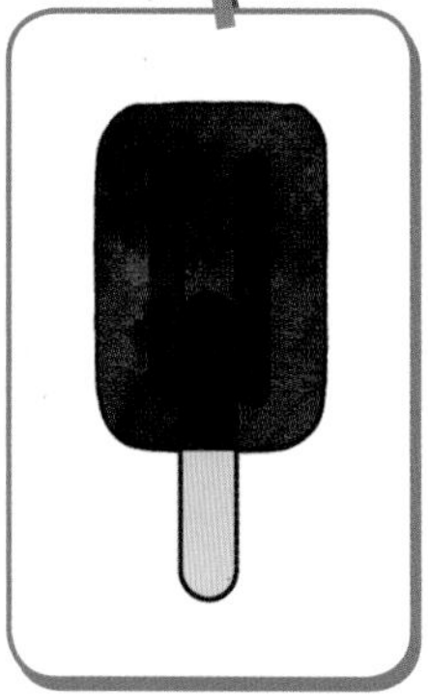

black
검정
ㅂ+ㅡ+ㄹ+ㄹ+ㅐ+ㅋ
블랙

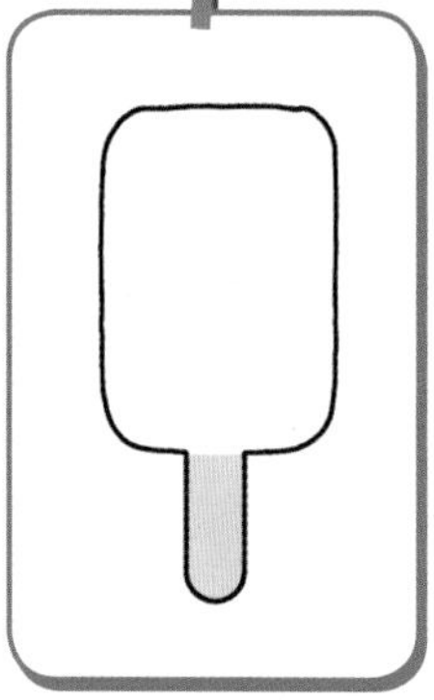

white
흰색
ㅘ+ㅣ+ㅌ
와이트

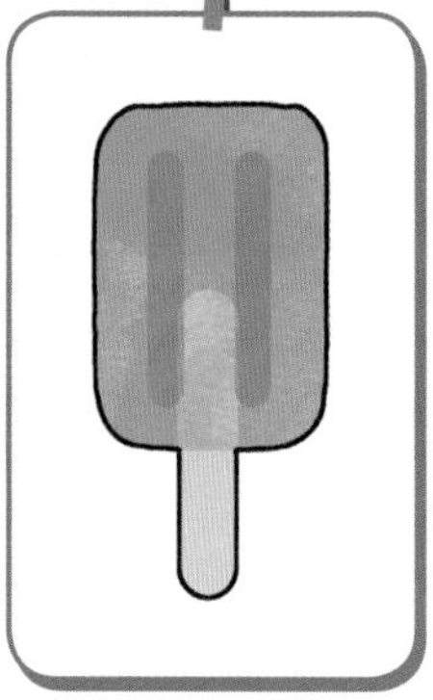

blue
파랑
ㅂ+ㅡ+ㄹ+ㄹ+ㅜ
블루-

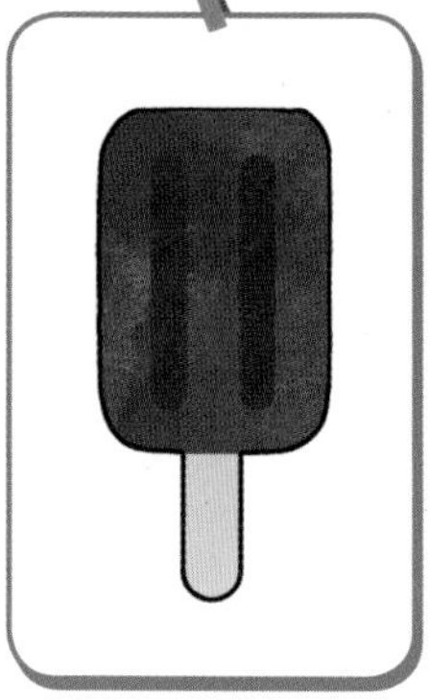

brown
갈색
ㅂ+ㄹo+ㅏ+ㅜ+ㄴ
브롸운

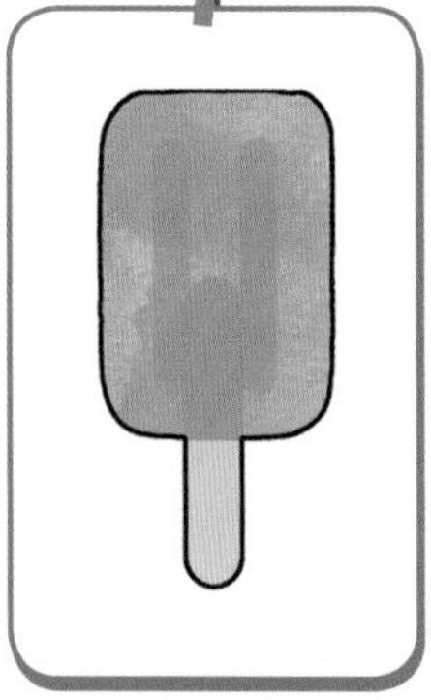

gray
회색
ㄱ+ㄹo+ㅔ+ㅣ
그뤠이

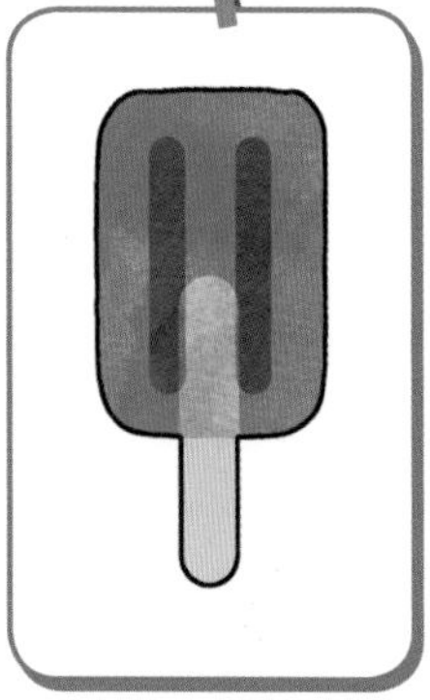

green
녹색
ㄱ+ㄹo+ㅣ+ㄴ
그뤼-ㄴ

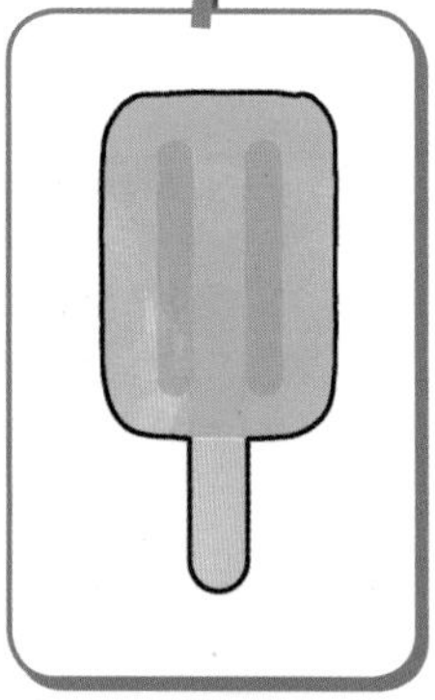

pink
분홍
ㅍ+ㅣ+ㅇ+ㅋ
핑크

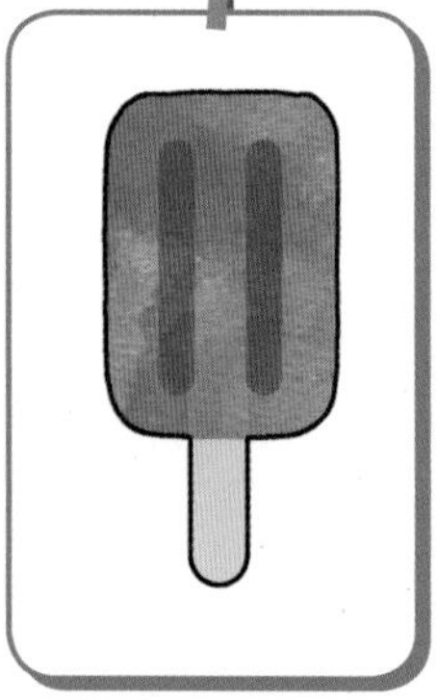

red
빨강
ㄹo+ㅔ+ㄷ
뤠드

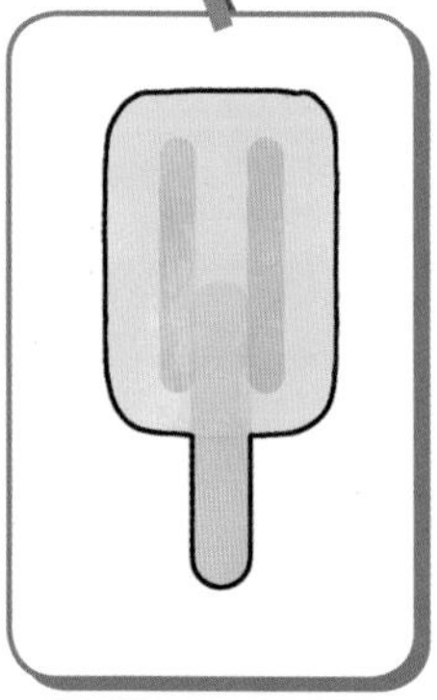

yellow
노랑
ㅔ+ㄹ+ㄹ+ㅗ+ㅜ
옐로우

그림을 보고 읽고 소리내며 쓰세요 !!

color 색깔
ㅋ·ㅓ·ㄹ·ㄹ·ㅓ 컬러

color

black 검정
ㅂ·ㅡ·ㄹ·ㄹ·ㅐ·ㅋ 블랙

black

white 흰색
ㅘ·ㅣ·ㅌ 와이트

white

blue 파랑
ㅂ·ㅡ·ㄹ·ㄹ·ㅜ 블루-

blue

brown 갈색
ㅂ·ㄹ·ㅏ·ㅜ·ㄴ 브롸운

brown

그림을 보고 읽고 소리내며 쓰세요!!

gray 회색
ㄱ·ㄹㅇ·ㅔㅇ·ㅣ 그뤠이

gray

green 녹색
ㄱ·ㄹㅇ·ㅣ·ㄴ 그뤼·ㄴ

green

pink 분홍
ㅍ·ㅣ·ㅇ·ㅋ 핑크

pink

red 빨강
ㄹㅇ·ㅔ·ㄷ 뤠드

red

yellow 노랑
ㅖ·ㄹ·ㄹ·ㅗ·ㅜ 옐로우

yellow

A 그림에 알맞은 영어 단어와 우리말 뜻을 골라 연결하세요.

· black · · 분홍

· pink · · 검정

· gray · · 파랑

· blue · · 회색

B 그림에 알맞은 영어 단어를 적어보세요.

보기   yellow · color · green · white · red · brown

색깔

흰색

갈색

녹색

빨강

노랑

Day 29

State 상태

 그림을 보고 듣고 읽고 쓰면 저절로 외워지는 단어

big
큰

ㅂ·ㅣ·ㄱ
빅

small
작은

ㅅ·ㅁ·ㅗ·ㄹ
스모-을

bright
밝은

ㅂ·ㄹ·ㅏ·ㅣ·ㅌ
브롸이트

dark
어두운

ㄷ·ㅏ·ㄹ·ㅋ
다-ㅋ

heavy
무거운

ㅎ·ㅔ·ㅂ·ㅓ·ㅣ
헤뷔

light
가벼운

ㄹ·ㅏ·ㅣ·ㅌ
라이트

empty
텅 빈

ㅔ·ㅁ·ㅍ·ㅌ·ㅣ
엠프티

full
꽉 찬

ㅍ·ㅜ·ㄹ
풀

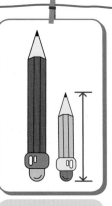

short
짧은

ㅅ·ㅗ·ㄹ·ㅇ·ㅌ
쇼-트

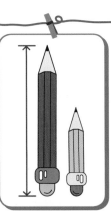

long
긴

ㄹ·ㅗ·ㅇ
롱

그림을 보고 읽고 소리내며 쓰세요!!

big 큰
ㅂ·ㅣ·ㄱ 빅

big

small 작은
ㅅ·ㅁ·ㅗ·ㄹ 스모-을

small

bright 밝은
ㅂ·ㄹ·ㅏ·ㅣ·ㅌ 브라이트

bright

dark 어두운
ㄷ·ㅏ·ㄹ·ㅋ 다-ㅋ

dark

heavy 무거운
ㅎ·ㅔ·ㅂ·ㅣ 헤뷔

heavy

그림을 보고 읽고 소리내며 쓰세요!!

light 가벼운
ㄹ·ㅏ·ㅣ·ㅌ 라이트

light

empty 텅 빈
ㅔ·ㅁ·ㅍ·ㅌ·ㅣ 엠프티

empty

full 꽉 찬
ㅍ·ㅜ·ㄹ 풀

full

short 짧은
쇼·ㄹ·ㅇ·ㅌ 쇼-트

short

long 긴
ㄹ·ㅗ·ㅇ 롱

long

A 그림에 알맞은 영어 단어와 우리말 뜻을 골라 연결하세요.

bright · · 밝은

heavy · · 무거운

big · · 텅 빈

empty · · 큰

B 그림에 알맞은 영어 단어를 적어보세요.

보기   short · small · long · full · dark · light

작은

어두운

가벼운

꽉 찬

짧은

긴

Day 30   Main action 주요 동작

 그림을 보고 듣고 읽고 쓰면 저절로 외워지는 단어

go
가다

ㄱㆍㅗㆍㅜ
고우

come
오다

ㅋㆍㅓㆍㅁ
컴

arrive
도착하다

ㅓㆍㄹㅏㆍㅏㆍㅣㆍㅂ
어롸이브

leave
떠나다

ㄹㆍㅣㆍㅂ
리-브

stand
일어서다

ㅅㆍㅌㆍㅐㆍㄴㆍㄷ
스탠드

sit
앉다

ㅆㆍㅣㆍㅌ
씯

give
주다

ㄱㆍㅣㆍㅂ
기브

take
받다

ㅌㆍㅔㆍㅣㆍㅋ
테이크

run
달리다

ㄹㆍㅓㆍㄴ
뤈

walk
걷다

ㅝㆍㅋ
워-크

그림을 보고 읽고 소리내며 쓰세요!!

go 가다
ㄱ+ㅗ+ㅜ 고우

go

come 오다
ㅋ+ㅓ+ㅁ 컴

come

arrive 도착하다
ㅓ+ㄹ아+ㅏ+ㅣ+ㅂ어 어롸이브

arrive

leave 떠나다
ㄹ+ㅣ+ㅂ어 리-브

leave

stand 일어서다
ㅅ+ㅌ+ㅐ+ㄴ+ㄷ 스탠드

stand

그림을 보고 읽고 소리내며 쓰세요!!

sit 앉다
ㅆ+ㅣ+ㅌ 앁

sit

give 주다
ㄱ+ㅣ+ㅂㅇ 기브

give

take 받다
ㅌ+ㅔ+ㅣ+ㅋ 테이크

take

run 달리다
ㄹㅇ+ㅓ+ㄴ 뤈

run

walk 걷다
ㅝ+ㅋ 워-크

walk

연습문제

A 그림에 알맞은 영어 단어와 우리말 뜻을 골라 연결하세요.

 · · leave · · 일어서다

 · · stand · · 떠나다

 · · give · · 앉다

 · · sit · · 주다

B 그림에 알맞은 영어 단어를 적어보세요.

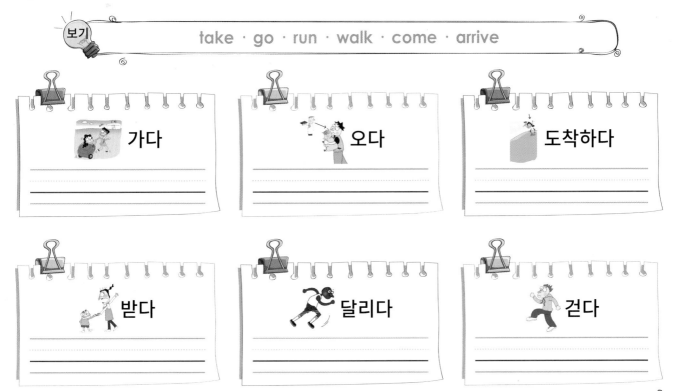

보기   take · go · run · walk · come · arrive

가다

오다

도착하다

받다

달리다

걷다

Day 31  My room 내방

 그림을 보고 듣고 읽고 쓰면 저절로 외워지는 단어

bed
침대
ㅂ·ㅔ·ㄷ
베드

calendar
달력
ㅋ·ㅐ·ㄹ·ㄹ·ㅣ·ㄴ·ㄷ·ㅓ
캘린더

lamp
램프, 등
ㄹ·ㅐ·ㅁ·ㅍ
램프

mirror
거울
ㅁ·ㅣ·ㄹ·ㅓ
미뤄

pen
펜
ㅍ·ㅔ·ㄴ
펜

pencil
연필
ㅍ·ㅔ·ㄴ·ㅅ·ㄹ
펜슬

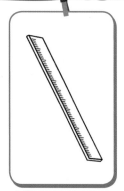

ruler
자
ㄹ·ㅜ·ㄹ·ㄹ·ㅓ
루-을러

stove
난로
ㅅ·ㅌ·ㅗ·ㅜ·ㅂ
스토우브

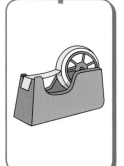

tape
테이프
ㅌ·ㅔ·ㅣ·ㅍ
테잎

drawer
서랍장
ㄷ·ㄹ·ㅗ·ㅏ·ㅓ
드라-어

128

그림을 보고 읽고 소리내며 쓰세요 !!

bed 침대
ㅂ+ㅔ+ㄷ 베드

bed

calendar 달력
ㅋ+ㅐ+ㄹ+ㄹ+ㅣ+ㄴ+ㄷ+ㅓ 캘린더

calendar

lamp 램프, 등
ㄹ+ㅐ+ㅁ+ㅍ 램프

lamp

mirror 거울
ㅁ+ㅣ+ㄹ+ㄹ+ㅓ 미뤄

mirror

pen 펜
ㅍ+ㅔ+ㄴ 펜

pen

그림을 보고 읽고 소리내며 쓰세요!!

| **pencil 연필** | pencil |
| 프+ㅔ+ㄴ+ㅅ+ㄹ 펜슬 | |

| **ruler 자** | ruler |
| ㄹ。+ㅜ+ㄹ+ㄹ+ㅓ 루-을러 | |

| **stove 난로** | stove |
| ㅅ+ㅌ+ㅗ+ㅜ+ㅂ。 스토우브 | |

| **tape 테이프** | tape |
| ㅌ+ㅔ+ㅣ+ㅍ 테잎 | |

| **drawer 서랍장** | drawer |
| ㄷ+ㄹ。+ㅏ+ㅓ 드롸-어 | |

연습문제

Ⓐ 그림에 알맞은 영어 단어와 우리말 뜻을 골라 연결하세요.

 · · pen · · 펜

 · · ruler · · 침대

 · · lamp · · 자

 · · bed · · 램프

Ⓑ 그림에 알맞은 영어 단어를 적어보세요.

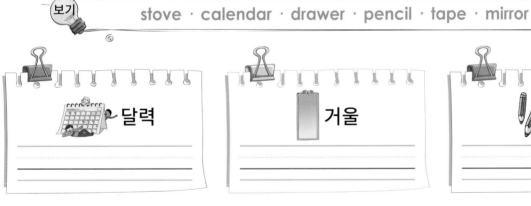

보기 stove · calendar · drawer · pencil · tape · mirror

 달력

거울

 연필

 난로

 테이프

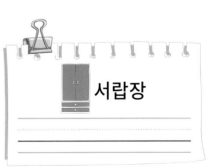 서랍장

Day 32 ACTH Others 2 기타 2

bye
안녕(헤어질 때)

ㅂ·ㅏ·ㅣ
바이

hello
안녕(만날 때)

ㅎ·ㅔ·ㄹ·ㄹ·ㅗ·ㅜ
헬로우

god
신

ㄱ·ㅏ·ㄷ
가-드

danger
위험

ㄷ·ㅔ·ㅣ·ㄴ·쥐·ㅓ
데인쥐

luck
행운

ㄹ·ㅓ·ㅋ
럭

pocket
호주머니

ㅍ·ㅏ·ㅋ·ㅣ·ㅌ
파-킽

war
전쟁

ㅝ·ㄹ·ㅇ
워-

base
바닥

ㅂ·ㅔ·ㅣ·ㅅ
베이스

silver
은, 은색의

ㅆ·ㅣ·ㄹ·ㅂ·ㅓ
씰붜

win
이기다

ㅟ·ㄴ
윈

그림을 보고 읽고 소리내며 쓰세요!!

bye 안녕(헤어질 때)
ㅂ·ㅏ·ㅣ 바이

bye

hello 안녕(만날 때)
ㅎ·ㅔ·ㄹ·ㄹ·ㅗ·ㅜ 헬로우

hello

god 신
ㄱ·ㅏ·ㄷ 가-드

god

danger 위험
ㄷ·ㅔ·ㅣ·ㄴ·쥐·ㅓ 데인줘

danger

luck 행운
ㄹ·ㅓ·ㅋ 럭

luck

그림을 보고 읽고 소리내며 쓰세요!!

pocket 호주머니
ㅍ+ㅏ+ㅋ+ㅣ+ㅌ 파-킽

pocket

war 전쟁
ㅓ+ㄹ+ㅇ 워-

war

base 바닥
ㅂ+ㅔ+ㅣ+ㅅ 베이스

base

silver 은, 은색의
ㅆ+ㅣ+ㄹ+ㅂ+ㅓ 씰붜

silver

win 이기다
ㅟ+ㄴ 윈

win

134

연습문제

A 그림에 알맞은 영어 단어와 우리말 뜻을 골라 연결하세요.

　· 　　· hello ·　　　　· 행운

　· 　　· luck ·　　　　· 안녕(만날 때)

　· 　　· danger ·　　　　· 호주머니

　· 　　· pocket ·　　　　· 위험

B 그림에 알맞은 영어 단어를 적어보세요.

보기　silver · bye · war · base · god · win

안녕(헤어질 때)

신

전쟁

바닥

은, 은색의

이기다

135

정답

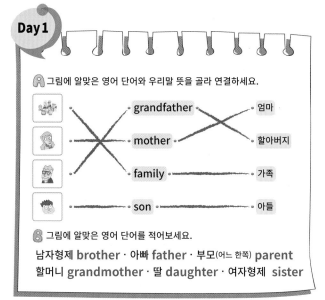

Day 1

Ⓐ 그림에 알맞은 영어 단어와 우리말 뜻을 골라 연결하세요.

grandfather — 엄마
mother — 할아버지
family — 가족
son — 아들

Ⓑ 그림에 알맞은 영어 단어를 적어보세요.

남자형제 brother · 아빠 father · 부모(어느 한쪽) parent
할머니 grandmother · 딸 daughter · 여자형제 sister

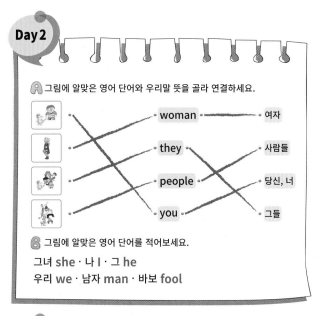

Day 2

Ⓐ 그림에 알맞은 영어 단어와 우리말 뜻을 골라 연결하세요.

woman — 여자
they — 사람들
people — 당신, 너
you — 그들

Ⓑ 그림에 알맞은 영어 단어를 적어보세요.

그녀 she · 나 I · 그 he
우리 we · 남자 man · 바보 fool

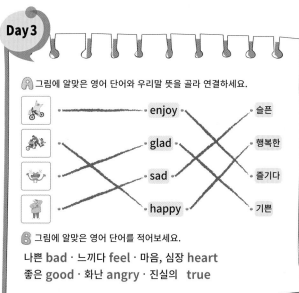

Day 3

Ⓐ 그림에 알맞은 영어 단어와 우리말 뜻을 골라 연결하세요.

enjoy — 슬픈
glad — 행복한
sad — 즐기다
happy — 기쁜

Ⓑ 그림에 알맞은 영어 단어를 적어보세요.

나쁜 bad · 느끼다 feel · 마음, 심장 heart
좋은 good · 화난 angry · 진실의 true

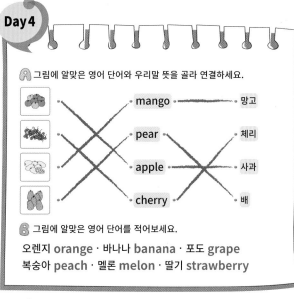

Day 4

Ⓐ 그림에 알맞은 영어 단어와 우리말 뜻을 골라 연결하세요.

mango — 망고
pear — 체리
apple — 사과
cherry — 배

Ⓑ 그림에 알맞은 영어 단어를 적어보세요.

오렌지 orange · 바나나 banana · 포도 grape
복숭아 peach · 멜론 melon · 딸기 strawberry

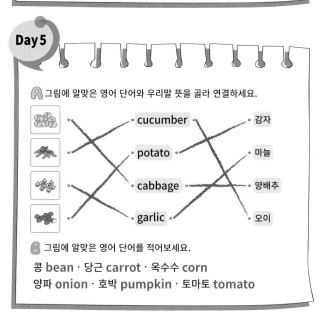

Day 5

Ⓐ 그림에 알맞은 영어 단어와 우리말 뜻을 골라 연결하세요.

cucumber — 감자
potato — 마늘
cabbage — 양배추
garlic — 오이

Ⓑ 그림에 알맞은 영어 단어를 적어보세요.

콩 bean · 당근 carrot · 옥수수 corn
양파 onion · 호박 pumpkin · 토마토 tomato

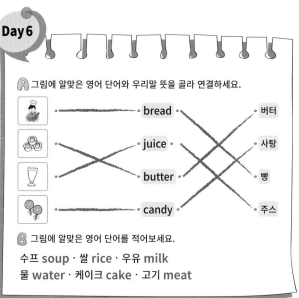

Day 6

Ⓐ 그림에 알맞은 영어 단어와 우리말 뜻을 골라 연결하세요.

bread — 버터
juice — 사탕
butter — 빵
candy — 주스

Ⓑ 그림에 알맞은 영어 단어를 적어보세요.

수프 soup · 쌀 rice · 우유 milk
물 water · 케이크 cake · 고기 meat

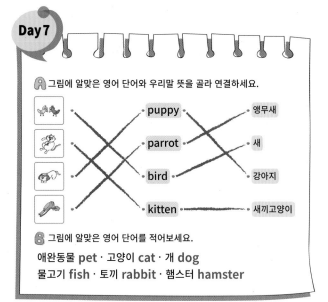

Day 7

Ⓐ 그림에 알맞은 영어 단어와 우리말 뜻을 골라 연결하세요.

puppy · 앵무새
parrot · 새
bird · 강아지
kitten · 새끼고양이

Ⓑ 그림에 알맞은 영어 단어를 적어보세요.

애완동물 **pet** · 고양이 **cat** · 개 **dog**
물고기 **fish** · 토끼 **rabbit** · 햄스터 **hamster**

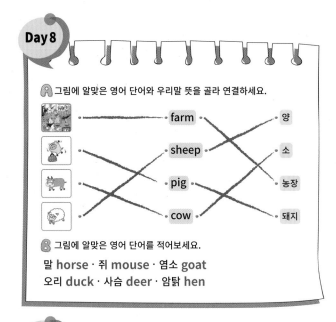

Day 8

Ⓐ 그림에 알맞은 영어 단어와 우리말 뜻을 골라 연결하세요.

farm · 양
sheep · 소
pig · 농장
cow · 돼지

Ⓑ 그림에 알맞은 영어 단어를 적어보세요.

말 **horse** · 쥐 **mouse** · 염소 **goat**
오리 **duck** · 사슴 **deer** · 암탉 **hen**

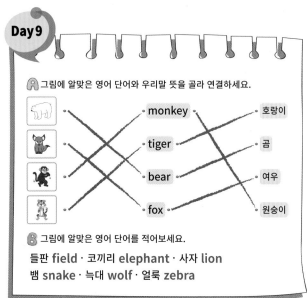

Day 9

Ⓐ 그림에 알맞은 영어 단어와 우리말 뜻을 골라 연결하세요.

monkey · 호랑이
tiger · 곰
bear · 여우
fox · 원숭이

Ⓑ 그림에 알맞은 영어 단어를 적어보세요.

들판 **field** · 코끼리 **elephant** · 사자 **lion**
뱀 **snake** · 늑대 **wolf** · 얼룩 **zebra**

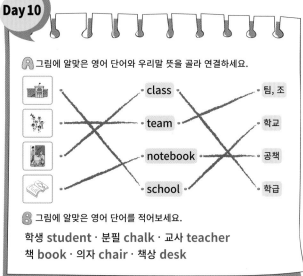

Day 10

Ⓐ 그림에 알맞은 영어 단어와 우리말 뜻을 골라 연결하세요.

class · 팀, 조
team · 학교
notebook · 공책
school · 학급

Ⓑ 그림에 알맞은 영어 단어를 적어보세요.

학생 **student** · 분필 **chalk** · 교사 **teacher**
책 **book** · 의자 **chair** · 책상 **desk**

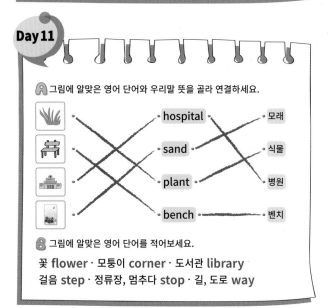

Day 11

Ⓐ 그림에 알맞은 영어 단어와 우리말 뜻을 골라 연결하세요.

hospital · 모래
sand · 식물
plant · 병원
bench · 벤치

Ⓑ 그림에 알맞은 영어 단어를 적어보세요.

꽃 **flower** · 모퉁이 **corner** · 도서관 **library**
걸음 **step** · 정류장, 멈추다 **stop** · 길, 도로 **way**

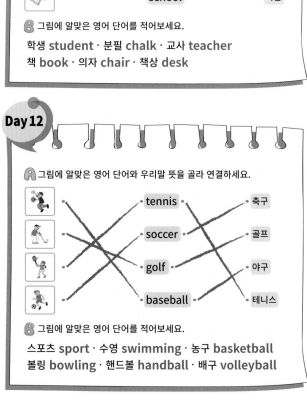

Day 12

Ⓐ 그림에 알맞은 영어 단어와 우리말 뜻을 골라 연결하세요.

tennis · 축구
soccer · 골프
golf · 야구
baseball · 테니스

Ⓑ 그림에 알맞은 영어 단어를 적어보세요.

스포츠 **sport** · 수영 **swimming** · 농구 **basketball**
볼링 **bowling** · 핸드볼 **handball** · 배구 **volleyball**

Day 13

Ⓐ 그림에 알맞은 영어 단어와 우리말 뜻을 골라 연결하세요.

young · 얇은
old · 두꺼운
thin · 늙은
thick · 젊은

Ⓑ 그림에 알맞은 영어 단어를 적어보세요.

키가 큰 tall · 뚱뚱한 fat · 못생긴 ugly
예쁜 pretty · 귀여운 cute · 잘생긴 handsome

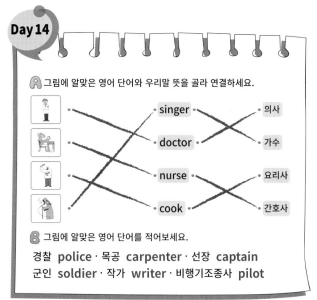

Day 14

Ⓐ 그림에 알맞은 영어 단어와 우리말 뜻을 골라 연결하세요.

singer · 의사
doctor · 가수
nurse · 요리사
cook · 간호사

Ⓑ 그림에 알맞은 영어 단어를 적어보세요.

경찰 police · 목공 carpenter · 선장 captain
군인 soldier · 작가 writer · 비행기조종사 pilot

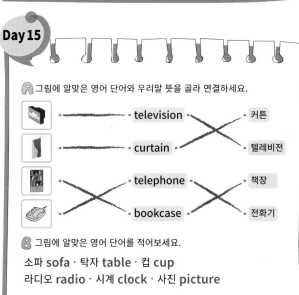

Day 15

Ⓐ 그림에 알맞은 영어 단어와 우리말 뜻을 골라 연결하세요.

television · 커튼
curtain · 텔레비전
telephone · 책장
bookcase · 전화기

Ⓑ 그림에 알맞은 영어 단어를 적어보세요.

소파 sofa · 탁자 table · 컵 cup
라디오 radio · 시계 clock · 사진 picture

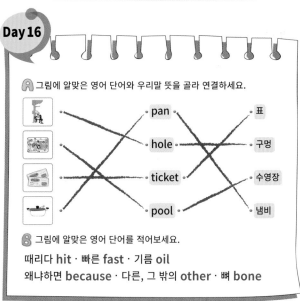

Day 16

Ⓐ 그림에 알맞은 영어 단어와 우리말 뜻을 골라 연결하세요.

pan · 표
hole · 구멍
ticket · 수영장
pool · 냄비

Ⓑ 그림에 알맞은 영어 단어를 적어보세요.

때리다 hit · 빠른 fast · 기름 oil
왜냐하면 because · 다른, 그 밖의 other · 뼈 bone

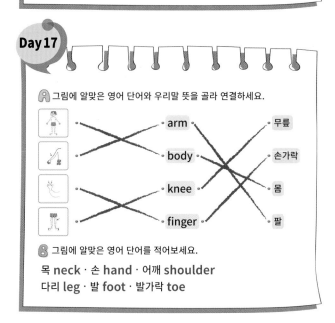

Day 17

Ⓐ 그림에 알맞은 영어 단어와 우리말 뜻을 골라 연결하세요.

arm · 무릎
body · 손가락
knee · 몸
finger · 팔

Ⓑ 그림에 알맞은 영어 단어를 적어보세요.

목 neck · 손 hand · 어깨 shoulder
다리 leg · 발 foot · 발가락 toe

Day 18

Ⓐ 그림에 알맞은 영어 단어와 우리말 뜻을 골라 연결하세요.

eye · 머리카락
hair · 입술
lip · 귀
ear · 눈

Ⓑ 그림에 알맞은 영어 단어를 적어보세요.

볼, 뺨 cheek · 얼굴 face · 머리 head
코 nose · 입 mouth · 턱 chin

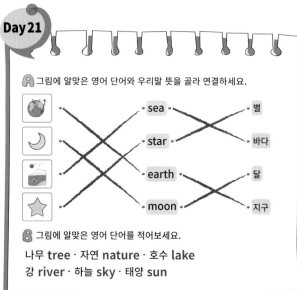

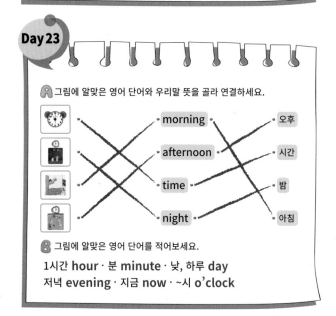

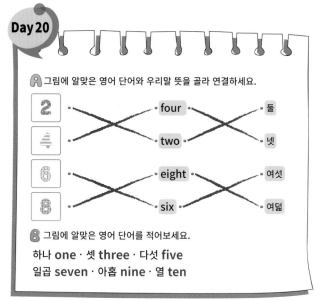

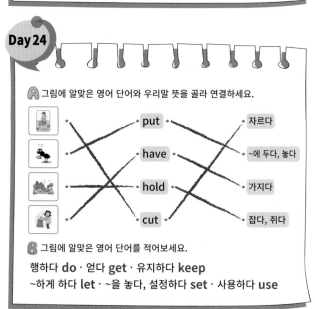

Day 19

Ⓐ 그림에 알맞은 영어 단어와 우리말 뜻을 골라 연결하세요.

ceiling · 방
kitchen · 부엌
room · 천장
house · 집

Ⓑ 그림에 알맞은 영어 단어를 적어보세요.

창문 window · 지붕 roof · 마루 floor
욕실 bathroom · 정원 garden · 집, 가정 home

Day 20

Ⓐ 그림에 알맞은 영어 단어와 우리말 뜻을 골라 연결하세요.

four · 둘
two · 넷
eight · 여섯
six · 여덟

Ⓑ 그림에 알맞은 영어 단어를 적어보세요.

하나 one · 셋 three · 다섯 five
일곱 seven · 아홉 nine · 열 ten

Day 21

Ⓐ 그림에 알맞은 영어 단어와 우리말 뜻을 골라 연결하세요.

sea · 별
star · 바다
earth · 달
moon · 지구

Ⓑ 그림에 알맞은 영어 단어를 적어보세요.

나무 tree · 자연 nature · 호수 lake
강 river · 하늘 sky · 태양 sun

Day 22

Ⓐ 그림에 알맞은 영어 단어와 우리말 뜻을 골라 연결하세요.

clothes · 청바지
pants · 바지
shoes · 옷
jeans · 신발

Ⓑ 그림에 알맞은 영어 단어를 적어보세요.

드레스, 원피스 dress · 코트 coat · 모자 hat
양말 socks · 치마 skirt · 스웨터 sweater

Day 23

Ⓐ 그림에 알맞은 영어 단어와 우리말 뜻을 골라 연결하세요.

morning · 오후
afternoon · 시간
time · 밤
night · 아침

Ⓑ 그림에 알맞은 영어 단어를 적어보세요.

1시간 hour · 분 minute · 낮, 하루 day
저녁 evening · 지금 now · ~시 o'clock

Day 24

Ⓐ 그림에 알맞은 영어 단어와 우리말 뜻을 골라 연결하세요.

put · 자르다
have · ~에 두다, 놓다
hold · 가지다
cut · 잡다, 쥐다

Ⓑ 그림에 알맞은 영어 단어를 적어보세요.

행하다 do · 얻다 get · 유지하다 keep
~하게 하다 let · ~을 놓다, 설정하다 set · 사용하다 use

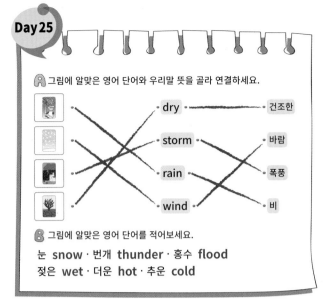

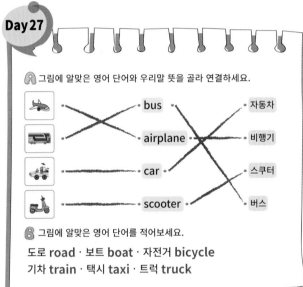

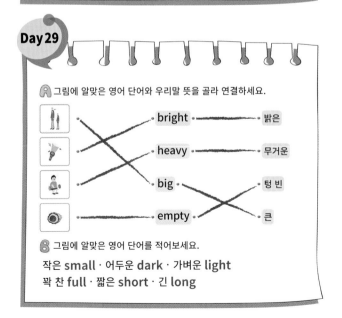

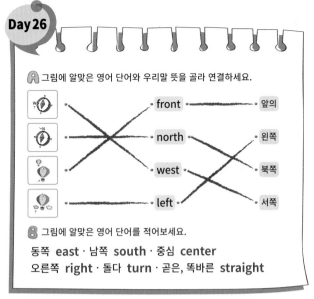

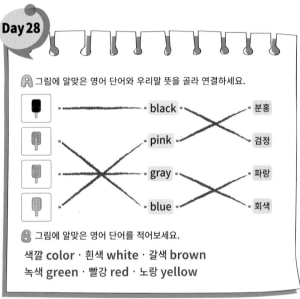

Day 31

Ⓐ 그림에 알맞은 영어 단어와 우리말 뜻을 골라 연결하세요.

pen · · 펜
ruler · · 침대
lamp · · 자
bed · · 램프

Ⓑ 그림에 알맞은 영어 단어를 적어보세요.

달력 **calendar** · 거울 **mirror** · 연필 **pencil**
난로 **stove** · 테이프 **tape** · 서랍장 **drawer**

Day 32

Ⓐ 그림에 알맞은 영어 단어와 우리말 뜻을 골라 연결하세요.

hello · · 행운
luck · · 안녕(만날 때)
danger · · 호주머니
pocket · · 위험

Ⓑ 그림에 알맞은 영어 단어를 적어보세요.

안녕(헤어질 때) **bye** · 신 **god** · 전쟁 **war**
바닥 **base** · 은, 은색의 **silver** · 이기다 **win**

그림을 보고 듣고 읽고 쓰면 저절로 외워지는

초등 필수 영단어

교육부 권장 초등 필수 단어

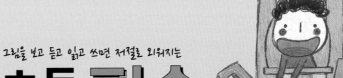

1.2
학년

교육부 권장 초등 필수 단어를
충실하게 반영